新时代乡村振兴路径研究书系

西部乡村
智慧旅游建设研究

XIBU XIANGCUN
ZHIHUI LÜYOU JIANSHE YANJIU

温怀玉 / 著

西南财经大学出版社

中国·成都

图书在版编目(CIP)数据

西部乡村智慧旅游建设研究/温怀玉著.—成都:西南财经大学出版社,
2022.8
ISBN 978-7-5504-5476-7

Ⅰ.①西⋯　Ⅱ.①温⋯　Ⅲ.①乡村旅游—旅游业发展—研究—中国
Ⅳ.①F592.3

中国版本图书馆 CIP 数据核字(2022)第 140671 号

西部乡村智慧旅游建设研究
温怀玉　著

责任编辑:肖翀
责任校对:张岚
封面设计:墨创文化
责任印制:朱曼丽

出版发行	西南财经大学出版社(四川省成都市光华村街55号)
网　址	http://cbs.swufe.edu.cn
电子邮件	bookcj@swufe.edu.cn
邮政编码	610074
电　话	028-87353785
照　排	四川胜翔数码印务设计有限公司
印　刷	郫县犀浦印刷厂
成品尺寸	170mm×240mm
印　张	11.5
字　数	206 千字
版　次	2022 年 8 月第 1 版
印　次	2022 年 8 月第 1 次印刷
书　号	ISBN 978-7-5504-5476-7
定　价	68.00 元

前言

  "智慧旅游"的概念最早来源于国际商用机器公司在 2008 年提出的"智慧地球",此后中国掀起了"智慧城市"的研究和建设热潮,其中智慧旅游的发展尤为突出。当前,旅游业被国家确定为支柱产业,物联网、移动互联网、云计算、大数据和人工智能与旅游融合,更加促进了智慧旅游的纵深发展。

  党的十九大做出实施乡村振兴战略的重大决策部署,将实施乡村振兴战略作为新时代"三农"工作的总抓手。发展乡村智慧旅游,可以让西部乡村搭上"互联网+"的快车,实现乡村旅游智慧化、城乡发展一体化、产业联动和以城带乡发展的目标,让乡村和贫困地区群众共享国家发展与时代进步的红利,让农民走上脱贫致富之路,促进农村经济发展,助力乡村振兴。

  首先,本书结合中国西部地区的地域、人口、经济特点,结合互联网技术发展现状与趋势,提出构建"1556"乡村智慧旅游平台框架,即"一个大数据中心、五个终端、五个面向、六大子平台"。

  其次,本书提出建设乡村旅游大数据平台,全面融合旅游主管部门、涉旅行业和社会化互联网数据,形成完备的旅游大数据应用及管理标准体系,实现数据资源共享。建立乡村智慧旅游大数据分析模型,对主要指标进行监测预警、对重大专题进行深度分析、对关键指标进行预测分析,从宏观、中观、微观等不同层面洞察与分析旅游业运行状态,为旅游主管部门及涉旅行业部门决策提供辅助支持，为全域旅游公共信息、市场营销、产品引导、行业监管、应急指挥等工作提供精细化的数据支持。

再次，本书提出建设乡村智慧旅游新媒体监测平台，对所涉及的网站和APP的所有信息和内容进行监测服务管理，以确保乡村智慧旅游的信息安全和内容安全。上述平台能够通过提高管理效率、决策效率、信息利用率来提升西部旅游的核心竞争力。

最后，本书通过西部乡村智慧旅游实证研究，以西部城市内江市为例，建设乡村智慧旅游平台和大数据系统，证实乡村智慧旅游对西部地区农村经济发展的促进作用，并针对发展乡村智慧旅游可能存在的问题提出了建议。

受新冠肺炎疫情的影响，自2019年年底开始，乡村旅游业发展放缓，相关乡村智慧旅游的建设和研究主要集中在2019年之前。因此，本书引用的相关学术文献、政策文件等相对陈旧。目前，乡村智慧旅游建设在我国特别是西部地区虽未全面展开，但发展潜力巨大，本书所研究的乡村智慧旅游相关思路、方法和技术仍然具有较强的借鉴作用。

本书受四川省教育厅"基于智慧旅游的线上研学实景课堂建设研究""基于'互联网+'的中小学专业技术人员继续教育平台研究""基于四川中小景区的旅游大数据应用研究""四川革命老区红色智慧旅游管理平台建设研究""新常态下乡村智慧旅游管理系统建设研究""新常态下四川'互联网+'乡村旅游管理平台建设研究""新时代基于大数据的互联网内容安全智能化治理研究"项目的资助。

温怀玉

2022 年 5 月

目录

1 导论

1.1 研究的背景与意义

我国是一个国土面积辽阔、自然资源丰富、四季分明、旅游业发展基础条件优越的国家。较发达国家而言，我国旅游业虽然起步稍晚，但是却为经济的增长贡献了巨大的力量（谢彦君，2011）。旅游业具有综合性强、关联度高、拉动作用突出的特点，旅游消费不仅可以直接拉动民航、铁路、公路、食宿等传统产业的发展，还对仓储物流、信息咨询、文化创意、会展博览等现代服务业也发挥着重要的促进作用（周旬，2007）。

乡村智慧旅游建设对于西部地区乡村振兴来说有着特殊的现实意义。发展现代乡村旅游对农村的经济发展有着积极的推动作用（徐向新，2011；夏日等，2014）。乡村旅游的核心价值是为游客带来丰富的旅游体验。如果缺乏现代旅游产业运营能力，就会直接削弱乡村涉旅企业的市场竞争力。

利用云计算、物联网、大数据、移动互联网等新技术发展农村经济，是我国当前发展农村经济的必然趋势。"三农"问题是我国长期关注的话题，乡村旅游能促进农村经济发展、提高农民收入、提升公共服务水平、带动农村服务业发展，从而促进农村经济发展和西部经济发展（卢冲 等，2008）。乡村旅游在以信息化、网络化和智能化为特征的智慧旅游的助力下，也受到更大范围游客的欢迎，有利于带动西部乡村地区特别是贫困地区经济的发展（丁云超，2009）。

当前，我国经济发展水平整体得到了较大的提高，但是各区域经济发展不平衡，城市经济发展相对较快，西部农村地区经济发展相对滞后，城乡矛盾日益突出，二元化结构比较明显。如何让城市和乡村经济协同发展，让东部和西部协调发展，一直是学术界研究的热点话题（郑洪，2013）。研究乡村智慧旅游如何带动区域经济增长，对缓和城乡经济发展态势不协调的矛盾、提高西部地区农村经济增长速度，具有重要的理论意义和现实意义。

西部地区乡村智慧旅游作为新事物，其建设模式、建设内容、建设投资、建设运营，以及对经济的促进作用等，都尚处于摸索阶段，本书在乡村振兴战略背景下，将新技术发展结合西部农村地区的实际情况，给出相关的理论支持、现实的解决方案，这对于各地区发展智慧乡村旅游具有一定的理论指导意义和现实的借鉴作用。

1.2 国内外研究现状综述

1.2.1 国内外智慧旅游的相关研究

智慧旅游作为信息技术产业和旅游产业融合的产物，是云计算、大数据、人工智能和物联网技术的整合应用，是一个创新型的新兴产业，涉及一些新的领域和概念，国内外至今尚无统一的定义。笔者利用英文文献的检索方式，通过 Springer Link、Google 学术搜索关键词 ITA（intelligence online travel agency）、TI（travel intelligence）、ST（smart tourism），根据检索的文献结果，主要研究内容包括：①技术微观应用；②移动网络集成；③旅游业信息技术应用；④智慧旅游发展和管理（高振发 等，2014；骆高远，2015）。

Emad 等介绍了用户在旅游过程中不需要通过使用远程服务器搜索网站服务，便可以使用旅游电子导游系统来随时随地获取旅游信息。

Gretzel（2011）的论文 "Intelligent Systems in Tourism：A Social Science Respective"，以及 Owaied 等（2011）的论文 "A Model for Intelligent Tourism Guide System"，详细地研究了智能化技术在旅游领域中的各种应用。Bertucci（2013）提出了智慧旅游在提供技术转移过程中需要保证信息安全。

在中文文献研究方面，采用万方学术数据库、中国知网学术数据库和 Google 学术检索系统，使用高级检索功能，对主题、篇名、关键词、摘要包含"智慧旅游"的相关文献进行检索，结果反映了关于"智慧旅游"的研究内容已经相当丰富（叶铁伟，2011；杨雅麟，2015；暴莹，2016；罗成奎，2016）。相对于国外研究来说，我国智慧旅游的研究和实施起步较晚，国内研究集中开始于 2014 年，且呈逐年增长趋势。本部分主要是对搜集到的期刊类、硕士博士论文类以及高端会议类的部分文献进行综述。

国内研究主要体现在六个方面：第一是基础理论研究，第二是智慧旅游发展实践研究，第三是支撑技术研究，第四是智慧旅游教育研究，第五是智慧旅游评价指标研究，第六是游客体验研究（李云鹏 等，2014；刘军林 等，2011；张国丽，2012；刘莹英，2014）。

张凌云（2012）对智慧旅游进行了层次划分，即旅游游客、旅游企业、涉旅政府、当地居民，并提出了 CAA 框架，即能力（capabilities）、属性（attributes）、应用（applications）。该框架得到了较为广泛的学术认可。从整体的视角来研究，姚国章（2012）在其论文中对智慧旅游进行了框架设计。

在应用技术研究领域，其他学者也分别提出了无线传感网络技术、GIS 技术、互联网技术、人工智能技术、移动通信技术等新技术在智慧旅游中的应用研究。对这些关键支撑技术的研究，是智慧旅游发展的基础。除此之外，还出现了一些对其他智慧旅游新技术的研究，如对旅游区块链、电子票务、智能推荐、媒体交互等（朱珠 等，2011；葛晓滨 等，2014；赵明丽 等，2014）的研究。

对游客体验视角的研究，也是智慧旅游研究的重要领域，伏俊雯等（2013）提出，可利用差异模型构建智慧旅游景区相关服务质量评估体系，并设置与满意度相关的各项调查指标。吴茂应和黄克己（2014）在此基础上，提出智能化、人性化等观点，以及以技术为基础、民众参与、政府支持三方面的对策。

1.2.2 国内外乡村旅游的相关研究

《国际可持续旅游研究》1994 年发行特刊，首次通过一系列理论研究制订了体系框架，将乡村旅游作为特殊旅游活动、可持续活动，进行了体系性的研究，是学术界对于乡村旅游这一课题的研究开端（Sharpley et al.，2004）。

国内外学者大多对影响乡村旅游的因素进行研究，部分文献对多种因素进行了研究，部分文献对单一因素进行了研究。Kontogeorgopoulos（2005）通过研究外来人口在乡村旅游中的地位，总结了有利于乡村旅游发展的举措。

周聆灵和周法法（2012）以宁德地区的乡村旅游作为研究背景，研究了乡村旅游形象，详细分析了乡村旅游形象及其对旅游产品的影响因素。研究结果显示，乡村旅游的旅游者对于旅游附属功能非常重视，尤其重视服务的基础设施。此外，还有一些乡村旅游研究主要关注服务质量（Fotiadis et al.，2010）、乡村旅游精英（朱璇，2012）、旅游者精神体验（Sharpley et al.，2011）等。

在乡村旅游发展多因素驱动研究方面，学者研究表明经济利益、社会文化利益、社区利益、旅游者利益、环境可持续性、社区参与、技术、政治这八个因素影响了乡村旅游的发展（Choi et al.，2006；Park et al.，2012）。

Miller（2001）等对美国的乡村旅游发展进行了实证研究，研究结果表明：旅游者满意、环境可持续、雇佣当地人、经济益处、环境等因素，重点影响了美国乡村旅游的发展。

唐召英和阳宁光（2007）对中国乡村旅游发展因素进行了研究，分析了中国乡村旅游发展现状，认为观念、规划、项目、旅游资源、环境保护、人才这六个因素制约了中国乡村旅游的发展。吴冠岑等（2013）学者利用风险分析法对乡村旅游进行了研究。其研究指出，当前乡村旅游的两大风险为收益分配失衡和利用结构失衡，这两个严重的问题均须尽快得到解决。胡文海（2008）以安徽为例，郑凤萍和杜伟玲（2008）以黑龙江为例，分析了区域乡村旅游的发展，研究了存在的主要问题。

也有学者从城市与乡村旅游的关系角度进行研究，研究了城乡结合的乡村旅游发展模式（Lankford，1994；Shane，1996；Bramwell et al.，1999；Simpson，2008；Kayat，2008；Kline et al.，2010；吴必虎 等，2004；龙茂兴 等，2006；徐新 等，2008；姜栋，2009；徐清，2009；郑虹，2009；尹成平，2011；彭丽等，2014；刘星光，2015；李曦辉 等，2016）。其研究对乡村旅游的地理空间进行结构分析，指出乡村旅游的目的地具有非常明显的空间特性，乡村旅游地在大城市、中等城市和小城市周围的分布呈距离衰减趋势，也就是与城市的距离越远，乡村旅游发展越滞后。

虽然对智慧旅游和乡村旅游的研究较多，但是基于乡村的智慧旅游研究却相对较少，以西部地区为研究对象的更少。

1.3　西部地区农村经济发展概况

我国西部地区包括重庆市、四川省、云南省、贵州省、西藏自治区、陕西省、甘肃省、青海省、新疆维吾尔自治区、宁夏回族自治区、内蒙古自治区、广西壮族自治区。截至 2018 年年底，土地面积为 678.158 9 万平方公里，占全国总面积的 70.6%；人口为 3.795 587 亿，占全国总人口的 27.2%。

西部地区疆域辽阔，除了四川盆地和关中平原外，绝大部分地区是经济欠发达、需要加强开发的地区。2019 年，西部地区生产总值为 205 185 亿元，比 2018 年增长了 6.7%。而同期东部地区生产总值为 511 161 亿元，比 2018 年增长了 6.2%。京津冀地区生产总值达 84 580 亿元，比 2018 年增长了 6.1%。

可以看出，虽然西部地区最近几年发展增速较快，东西部发展增速趋于一致，但是西部地区农村经济较东部地区而言依然处于落后状态，特别是西部贫困地区的经济发展严重滞后，影响着整个西部地区的经济（汪丽萍，2007；邹统钎，2008；王小军 等，2012；黄琳琳 等，2013；张本阔，2013；吴娟，2014；陈佳 等，2015；崔瑞锋，2015；胡少维 等，2015；贾淑帅，2015；李金早，2015；张晓峰，2015；兰萍，2016；翁宇威 等，2016；易红梅，2016；朱世蓉，2016）。主要的影响因素大致可以概括为以下几点。

1. 发展基础相对薄弱，与东部地区形成了一定的差距

西部地区经济总体实力和东部地区差距较大，目前西部地区的地区生产总值水平仅接近东部地区的二分之一，人均产值更低于东部地区，即使是西部地区最发达的成渝双城经济圈，与长三角、珠三角以及粤港澳地区相比，经济发展水平依然较低。

2. 产业结构相对滞后，经济结构处于产业链的中低端

西部地区经济结构组成相对落后。西部地区农林牧渔、矿产、旅游等比重较大，而金融、科技、教育和先进制造业等比重小，且产业信息化程度比较低，产业结构普遍处于产业链的中低端。

3. 经济主体相对较少，经济活跃度相对较低

西部地区经济活跃度低，私营企业数量约为 141.8 万个，仅占全国私营企业单位总数的 16.4%，与东部地区的 65.7% 相差甚远。西部地区民营经济发展缓慢，使得经济转型缺乏市场主体支撑，经济转型步履沉重。

4. 科技水平相对落后，整体科技和文化水平差距较大

广大西部农村地区人口的整体科技水平和知识水平相对于东部较低。农村经济发展有一定的盲目性，小农意识浓厚，小富即安，教育水平相对落后，对新市场和新技术不敏感。

5. 经济结构相对单一，经济活动投入产出比低而成本高

与东部发达地区相比，西部地区生产水平相对低下，产出单一，生产成本

更高。由于生产技术和生产方式相对落后，人力投入与产出结构不合理，影响了西部地区发展经济的积极性。

6. 信息获取相对缓慢，信息和网络基础设施还不完善

西部地区信息和网络基础设施还不完善，信息不对称，对市场信息获取缓慢，市场反应能力弱，生产渠道分散，流动渠道较为单一。

1.4 西部乡村智慧旅游发展概况

第一，随着城乡生活水平的提高，乡村旅游也得到了一定的发展。

我国的乡村旅游正朝着融观赏、考察、学习、娱乐、购物和度假于一体的综合型方向发展。从最初的"农家乐"和乡村田园观光，到现在的乡村观光、休闲、度假的复合性功能结构，乡村旅游逐渐往"乡村旅游+"的方向发展。2018年年底，农业农村部已创建388个全国休闲农业和乡村旅游示范县（市），推介了710个中国美丽休闲乡村。2018年，全国休闲农业和乡村旅游接待人次达30亿人次，营业收入达8 000亿元。

第二，近几年，我国西部地区通过开发乡村旅游项目取得了较大成就。

四川全省2019年乡村旅游年接待游客量早已突破3亿人次，年乡村旅游总收入已跨入两千亿元级别。民宿打造、农旅融合、生态建设、文化挖掘等成为推动乡村旅游业发展的重要支撑，不少具有丰富文旅资源和地方特色的村镇已驶入乡村旅游发展的快车道，乡村旅游已经成为四川乡村振兴的重要突破口。2020年6月，四川省文化和旅游厅公布《2020年四川省乡村旅游重点村名录》。

但是，西部地区总体乡村旅游实力和水平和东部地区相比存在较大的差距。比如，2018年中国乡村旅游客源城市主要为上海、广州、天津、北京、沈阳，西部尚未有靠前城市。

2018年乡村旅游较受欢迎的十大目的地有江西婺源、安徽宏村、浙江安吉、福建南靖、浙江桐庐、云南元阳、江苏兴化、湖北恩施、北京密云、四川丹巴等。这些旅游目的地或具有悠久的历史文化，或民族氛围浓郁，或自然风景秀美。虽然西部地区乡村旅游资源丰富，但在十大乡村旅游目的地中，西部地区的旅游目的地仅有3个。

第三，西部地区乡村旅游发展迅速，旅游经济发展显著加快。但是，乡村

智慧旅游在开发建设阶段仍然存在不足，主要存在以下几个问题（蒋满元，2011；胡薇，2014）：

（1）缺乏统筹规划，领导组织机构不完善

发展乡村旅游、进行乡村智慧旅游建设涉及方方面面。由于没有完整的引导机制、健全的管理机构，缺乏科学的政府指导和规划，乡村智慧旅游在建设过程中出现了行政部门分工不合理、资金投入分散、发展方向不一致等问题。此外，偏远地区还存在对国家政策、信息接收缓慢，执行力度较弱等问题。

（2）旅游设施不完善，网络覆盖率低

西部地区乡村因政府和社会的投入不足、自身经济实力弱，基础设施、公共服务建设较为滞后，满足不了游客的需求；"三网"配套设施不完善、网络覆盖率低、高科技产品匮乏、服务和宣传不到位、安全应急系统缺乏，使得游客在旅游中出现紧急情况时无法及时得到援助，游客的安全保障水平较低。

（3）专业人才匮乏，服务质量不高

西部地区旅游人才和互联网人才相对匮乏，专业的技术人才数量不足，使得现代旅游行业服务质量不高，无法满足管理和服务的需求；乡村旅游产品粗糙、内容单一、项目雷同、经营粗放、布局不合理、功能配套不完善、市场定位不准确、特色不鲜明、缺乏创新意识等问题，导致了部分地区乡村智慧旅游建设处于停滞不前的状态。

（4）旅游资源分散，互联网整合效应发挥不足

乡村智慧旅游是互联网和旅游业相互融合发展的产物，是"互联网+"和"旅游业+"的新型产业合作发展模式。目前，在西部地区发展乡村智慧旅游还存在误区，比如只重视发展乡村旅游，而忽视了互联网与乡村旅游铁路、公路、商业、食宿等传统产业间的协作，无法相互促进、协同发展。在乡村旅游规划设计以及应用时，没有考虑智慧旅游的思想和技术，使乡村旅游无法及时获得新技术发展带来的红利。

第四，为解决存在的问题，国家相关部门采取了应对措施，发布了一系列政策，主要包括如下几个方面：

（1）加强政府组织领导

国务院印发的《"十四五"推进农业农村现代化规划》强调了坚持加强党对"三农"工作的全面领导。始终把解决好"三农"问题作为全党工作的重中之重，坚持五级书记抓乡村振兴，健全党领导农村工作的组织体系、制度体系和工作机制，确保农业农村现代化沿着正确方向前进。实施休闲农业和乡村

旅游精品工程，建设 300 个休闲农业重点县、1 500 个美丽休闲乡村，推介 1 000 条乡村休闲旅游精品景点线路。

（2）完善基础设施建设

习近平总书记强调"中国要美，农村必须美；中国要富，农民必须富"，要完善西部乡村的网络基础设施、通信基础设施、交通运输设施等基础设施，拉动农村经济发展。

党的十九大报告提出乡村振兴战略，为解决"三农"问题做了总体布局，即按照"产业兴旺、生态宜居、乡风文明、治理有效、生活富裕"的总要求加快推进农业农村现代化。乡村旅游作为以乡村社区为活动重要场所，以乡村独特的生产形态、生活风情和田园风光为对象的旅游业态，其发展能够使农民增产增收、农业多元经营、农村美丽繁荣，已经成为乡村振兴的重要引擎。

（3）增强就业人员意识

《全国乡村旅游发展纲要（2009—2015 年）》着重强调了发展乡村旅游的人才培训工程任务，重点对信息化、乡村旅游管理、乡村旅游经营等方面的人才进行培训。

（4）加强乡村旅游信息化建设

2021 年，《国务院关于印发"十四五"旅游业发展规划的通知》强调，要加强旅游业大数据应用，推进旅游数据规范化、标准化建设。要提升旅游市场信息化监管水平，加强各平台的数据归集、信息整合，构建旅游市场监管业务全量覆盖、监管信息全程跟踪、监管手段动态调整的智慧监管平台。

总之，西部地区智慧旅游处于起步阶段，尚需对整体规划设计、建设内容、建设模式、应用模式、大数据应用等进行研究，继续深化典型应用场景。

1.5　发展西部乡村智慧旅游效益分析

西部地区乡村振兴主要评价指标最终体现在经济发展能力和水平上。大力发展乡村智慧旅游，可以促进农业与旅游经济的整合，促进乡村经济多元化发展，推进社会主义新农村建设，促进相关产业发展。

1. 促进农业与旅游经济整合

中央一号文件将大力发展乡村旅游，推进农村精准扶贫，促进农业与旅游业深度融合作为工作重点。乡村旅游具有旺盛的市场需求和较好的发展基础，具备良好的发展机遇，在国家政策的扶持下，可以从分散的小农经济转变成农村的新兴产业。云计算、大数据、人工智能、物联网和移动互联网等现代信息技术的快速发展，促进了农业与乡村旅游业的有效整合，让传统的乡村旅游在信息技术的支持下变得更智能，最终促使农业经济转型升级。

2. 促进乡村经济多元化发展

发展乡村智慧旅游，吸引各地游客到乡村旅游，可以解决当地农民劳动力问题、就业本地化问题，增加农村和农民收入，带动农民脱贫致富。这不仅解决了农民自身的经济问题，增加了农产品、食宿等新营销渠道，还解决了当地经济发展存在的部分问题，在一定程度上缓解了区域发展不平衡。乡村旅游产业链较长，旅游细分产品不断丰富，供应链不断延伸，形成新的产业群，从而促进经济多元化增长。

3. 推进社会主义新农村建设

通过乡村智慧旅游的建设，进行相关基础设施投入，包括道路、网络、通信、照明、食宿等方面的大大改善，可以明显加快社会主义新农村的建设步伐，用新的技术方式和投融资模式，打造社会主义新农村，以智慧旅游为突破口，以经济建设为中心，发展西部地区乡村智慧旅游，拉动农村经济发展，加快社会主义新农村的建设步伐。坚持以经济建设为中心，改善西部农村地区基础设施，有利于破解城乡二元化经济结构。

4. 促进相关产业发展

"吃、住、行、游、娱、购"六要素是乡村旅游经济发展的支撑，乡村智慧旅游平台很好地整合了这六大要素，使原本以小农经济为主的广大农村地区发生了产业转型升级，不仅提高了西部农村地区农民就业率，还带动了当地农民工、创业人员等借力"互联网+"来发展现代农业和旅游业，对少数民族传统手工艺品、绿色农产品等特色产品进行挖掘和升级，有利于促进品牌化经营和相关产业的融合发展。

1.6　本书的结构体系与创新点

1.6.1　本书的结构体系

第一章，描述了本书的研究背景与意义；从国内外智慧旅游、国内外乡村旅游、西部地区农村经济和西部乡村智慧旅游四个方面进行了现状研究。

第二章，具体研究了乡村智慧旅游与西部乡村振兴的关系，梳理了有关的国家政策，在此基础上总结出了西部乡村智慧旅游的建设目标、建设模式、发展建议和重点建设方向。

第三章，研究了乡村智慧旅游系统的建设依据、建设目标和建设思路，提出了"1556"乡村智慧旅游平台框架，论证了总体设计框架和关键技术，研究了乡村智慧旅游建设的主要内容，包括基础平台、乡村智慧旅游管理平台、乡村智慧旅行社管理平台，以及乡村智慧涉旅商户管理平台。

第四章，对西部乡村智慧旅游大数据平台系统进行研究，提出了大数据系统的设计、实施和应用，给出了典型的大数据算法。

第五章，专门针对西部乡村旅游新媒体监测平台建设进行了研究，提出了监测平台的需求、构架、设计与实现，实现了乡村旅游相关信息内容的有效和安全。

第六章，进行实证研究与验证，进行了乡村智慧旅游试点的市场分析、构建路径分析、需求分析、运营方案拟定等，对其进行了规划与设计。建设了内江市乡村智慧旅游综合管理平台，取得了良好的效果，对当地农村经济促进效果明显，在一定程度上助力了西部乡村振兴事业。

1.6.2 本书的创新点

第一，本书从乡村智慧旅游发展的角度，对西部地区经济发展进行研究，立足于西部地区乡村的特殊情况和旅游资源，研究了如何发展乡村智慧旅游。

第二，讨论了西部地区乡村发展智慧旅游的相关因素，为发展旅游经济时可能遇到的问题找出了解决之法。

第三，提出了"1556"乡村智慧旅游建设思路，即"一个大数据中心、五个终端、五个面向、六大子平台"，为发展乡村智慧旅游提供了可行之路。

第四，提出了乡村智慧旅游大数据和乡村旅游新媒体监测两个平台的建设思路和方案，给出了典型算法，为乡村旅游大数据产业和新媒体监测的发展奠定了研究基础。

第五，对西部地区乡村智慧旅游进行了实践建设研究，以内江市乡村智慧旅游建设为例，进行了实际规划、设计、建设和应用，使研究得到了实践和验证。

1.7　本章小结

本章提出了建设乡村智慧旅游的背景和意义，梳理了全书的结构体系，提炼了全书的创新点。笔者将在后续章节中重点从四个方面论述乡村智慧旅游建设：第一，乡村旅游的基础研究和西部乡村智慧旅游的研究思路；第二，基于"1556"乡村智慧旅游建设思路，构建乡村智慧旅游的整体构架；第三，阐述乡村智慧旅游大数据平台和乡村旅游新媒体监测平台的建设思路和方案；第四，以典型案例进行实证研究。

2 发展乡村智慧旅游与西部乡村振兴

2.1 智慧旅游与西部乡村振兴的关系

要实现西部地区脱贫攻坚目标，完成乡村振兴的重大任务，发展乡村旅游是重要抓手，乡村旅游的智慧化则是重要引擎。按照科学规划、市场导向、布局合理、技术先进、安全可靠、促进经济、服务百姓的路径，借助乡村智慧旅游平台，大力发展西部地区旅游业，将会推动西部地区乡村振兴。

中共中央、国务院印发的《关于新时代推进西部大开发形成新格局的指导意见》（以下简称《意见》）提出，要推动"互联网+旅游"等新业态发展，推进网络提速降费，加快发展跨境电子商务；要支持西部地区发挥生态、民族民俗、边境风光等优势，深化旅游资源开放、信息共享、行业监管、公共服务、旅游安全、标准化服务等方面的国际合作，提升旅游服务水平；要依托风景名胜区、边境旅游试验区等，大力发展旅游休闲、健康养生等服务业，打造区域重要支柱产业。《意见》还提出，要扎实推进边境旅游试验区、跨境旅游合作区、农业对外开放合作试验区等建设。

西部大开发是重大的国家战略，自实施以来取得了重大的成就。在西部地区发展极为不平衡、城乡二元化结构突出、乡村地区经济发展水平较低、公共服务体系还不够完善、扶贫攻坚难度较大的背景下规划建设一批乡村智慧旅游区，对于改善西部这些乡村地区的人民生活水平、带动落后地区的经济发展、减少城乡差距、促进城乡融合、完善西部地区旅游基础设施、提升公共服务水平都有着积极而重要的作用。

西部地区建设发展乡村智慧旅游具有突出的资源优势。西部地区地理环境多样，自然景观壮丽多彩，历史文化积淀深厚，旅游资源极其丰富。但是这些地区普遍存在面积广大、区域分散、环境复杂、交通不便、经济落后等问题。

以信息为纽带，以大数据为基础，以商业智能为推手，建立乡村智慧旅游平台，发展智慧旅游业，有利于促进现代服务业发展，促进一、二、三产业融合，拉动人流、物流、信息流、资金流快速流动增值，实现农业、林业、水利及乡村文化、民宿文化、民族文化等融合发展，通过智慧化的商业智能系统形成新的商业形态。乡村智慧旅游高效、精准、智能化地对接了大中小城市，使乡村旅游区的服务均等化，通过服务城市游客，为乡村提供了就业机会和商业机会。乡村智慧旅游除了能带来旅游人数的增加、农民收入的增长，对于这些落后地区的自然环境、交通、住宿、餐饮、购物环境、休闲娱乐、通信、医疗服务等的改善和提升也具有推动作用，有利于加快西部乡村地区的公共服务体系建设，实现公共服务城乡均等化。

总之，发展乡村智慧旅游，对于西部乡村地区实现脱贫攻坚，将乡村旅游打造成西部乡村地区的支柱产业，有着重要的战略价值和现实意义。

2.2　智慧旅游与乡村振兴的相关政策

我国乡村地域广阔，历史悠久。乡村见证了我国社会的发展，不同时代的发展在乡村社会打下了深深的烙印，一批又一批爱国人士以乡村为基点，寻求乡村振兴与国家强盛的治理之道。随着中国城乡的进一步发展，新时代的中国农村更加焕发生机。但相对于城市的发展，我国乡村发展还存在不少问题。

（1）全国行政村数量锐减。自 20 世纪 80 年代中期开始，全国每年平均减少 7 000 多个村民委员会，相当于平均每天有 20 个行政村消失。

（2）"空心村"现象日益凸显。21 世纪的第一个 10 年，农村人口减少了1.33 亿人。2018 年第一季度，中国农村外出务工劳动力总量达到 1.74 亿人，80% 的农村家庭有人在外务工，74% 的农村已无可以进城务工的"剩余劳动力"。

（3）耕地撂荒闲置问题严峻。部分省域耕地撂荒面积已达 40% 以上。2016 年，全国土地流转面积为 4.71 亿亩（1 亩 ≈ 666.7 平方米，下同），占家庭承包耕地面积的比重为 35.1%，出现了农民出租土地无人承接的现象。

（4）农村闲置住房日益增多。每年因农村人口转变为城镇居民而新增的农村闲置住房面积达5.94亿平方米，折合市场价值约4 000亿元。

（5）农业经营收入增长乏力。2018年第一季度，我国农民收入实际增长6.8%。但与2017年同期相比，增速下降了0.4个百分点，与2017年全年增速相比，下降了0.5个百分点。经营净收入约占农民收入的35%，是农民收入四大来源中增速最慢的。

（6）传统村落面临消失危机。近15年来，中国传统村落锐减近92万个，并以每天1.6个的速度持续递减。

这些问题多少和城市化进程加快相关。城市化进程加快带来城市规模失控、结构失调、功能紊乱和管理滞后等问题，但这恰好成为新农村发展的机遇。中央首次明确乡村振兴"三步走"时间表，全面开展清产核资工作，继续扩大股份合作制改革试点，决定土地承包期再延长30年。这些政策红利有利于促进农业地区的基础设施、生产方式、生活方式的改善。

1. "两山理论"

习近平总书记指出："我们既要绿水青山，也要金山银山。宁要绿水青山，不要金山银山，而且绿水青山就是金山银山。"这一科学论断对建设美丽中国乡村具有重要而深远的意义。

2. 乡愁呼唤

习近平总书记指出："让城市留住记忆，让人们记住乡愁。"乡愁，是人们对故土山水人文的悠长眷恋。截至2018年年末，我国常住人口城镇化率达到59.58%。千百年来"暖暖远人村，依依墟里烟"的中国乡村，正在经历世界历史上规模最大、速度最快的城镇化进程。如何处理好传统与现代、继承与发展的关系，如何把记忆留住、乡愁留下，是绕不开的重要课题，考验的正是乡村治理能力和治理水平。

3. "五个振兴"乡村战略

乡村振兴战略，是新时代"三农"工作的总抓手。习近平总书记对实施乡村振兴战略做出重要指示："要坚持乡村全面振兴，抓重点、补短板、强弱项，实现乡村产业振兴、人才振兴、文化振兴、生态振兴、组织振兴，推动农业全面升级、农村全面进步、农民全面发展。"

4. 脱贫攻坚战略部署

自党的十八大以来，党中央把脱贫攻坚工作纳入"五位一体"总体布局和"四个全面"战略布局，吹响了打赢脱贫攻坚战的集结号，做出了实施乡村振兴战略的重大决策。党中央总揽全局、协调各方，以前所未有的力度、超常规的举措，凝聚起全党、全社会的强大合力，使全国农村贫困人口累计减少6 800多万人，消除了绝对贫困人口的三分之二以上，使脱贫攻坚取得了胜利，谱写了人类反贫困斗争史上的辉煌篇章，为全球减贫事业贡献了中国智慧和中国方案，赢得了世界广泛赞誉。打赢脱贫攻坚战，为推动农村发展、实现乡村振兴创造了有利条件。

5. "厕所革命"的兴起

旅游系统响应国家号召坚持不懈推进"厕所革命"，体现了真抓实干、努力解决实际问题的工作态度和作风。厕所问题不是小事情，是城乡文明建设的重要方面，不但景区、城市要抓，农村也要抓，要把这项工作作为乡村振兴战略的一项具体工作来推进，努力补齐这块影响群众生活品质的短板。

6. "两个文明齐抓共建"

党的十九大提出实施乡村振兴战略，充分体现了党中央对"三农"工作的高度重视，也为新时代加快推进农业、农村现代化指明了方向。新时代，农村必须要有新气象，要成为"产业兴旺、生态宜居、乡风文明、治理有效、生活富裕"的新农村。

乡村振兴战略的实施是一个不断积累、不断丰富的过程。国家在行政管理和具体执行层面，采取了一系列措施：第一，建设社会主义新农村；第二，大力推进美丽乡村建设；第三，建设特色小镇；第四，稳步推进"田园综合体"试点等。

总体来看，我国实施乡村智慧旅游享有八项政策支持。

1. 政府工作报告方面

习近平总书记在党的十九大报告中提出乡村振兴战略。同时指出，农业农村农民问题是关系国计民生的根本性问题，必须始终把解决好"三农"问题作为全党工作的重中之重。

2. 财政金融政策方面

把财政资金作为传统村落发展的杠杆，而不是依赖。把财政资金合理分配在具体保护事项中。利用财政资金发展好特色产业。

3. 旅游政策方面

策略与实施路径无缝对接。跨部门协同、多方发力。深度对接乡村振兴核心诉求。形成全民化的乡村治理氛围。注重政策衔接性和延续性。

4. 法律法规方面

《中华人民共和国乡村振兴促进法》是乡村社会长治久安的保障，是乡村社会与现代文明接轨的保障，是乡村多规合一的落地保障。

5. 扶贫政策方面

依托生态优势，深度推进贫困地区旅游业迎来飞跃发展。依托文化优势，深度推进贫困地区旅游业迎来融合发展。依托资金优势，深度推进贫困地区旅游业迎来快速发展。

6. 土地政策方面

有利于优化目的地产业结构。有利于优质旅游项目发挥规模效应和辐射效应。有利于社会资本多途径参与目的地旅游产业。有利于目的地旅游资源的可持续开发。

7. 规划政策方面

坚持务实精神，不做无用的规划。坚持差异化，不做同质的规划。坚持突破化，不做"套路型"规划。

8. 产业政策方面

以"旅游+"为驱动，促进农业绿色生产方式的形成。以"旅游+"为核心，促进农民多元创业方式的形成。以"旅游+"为平台，促进农村多元资金统筹能力的形成。

乡村智慧旅游在国家的战略部署和政策支持下，要实现政策落地，就需要重点建设以下几个方面。

1. 农业产业要优化

促进一、二、三产业融合互动，提高农业发展的质量和效益。大力发展乡村旅游是推动农业、农村地区发展的重要抓手。

2. 基础设施要先行

强化生产性、发展性和生态性基础设施，夯实乡村振兴战略基础，为乡村旅游的建设和发展、吸引城市人口到乡村旅游创造条件。

3. 绿色发展要优先

人与自然和谐共生，走乡村绿色发展之路，实现生态文明与物质文明和谐发展，留住青山绿水，让人寻得到乡愁，愿意来旅游。

4. 人居环境要改善

改善农村居民生产劳动、生活居住、休闲娱乐和社会交往的空间场所环境，缩小城乡文化娱乐差距，让人留得下来。

5. 乡村治理要见效

倾听村民诉求，完善农业、农村社会服务组织等基础工作，实现"三治融合"，为乡村旅游创造更好的服务条件。

6. 农村文化要繁荣

夯实农村文化基础，完善文化阵地建设，重塑农村文化氛围，树立文化自信，更好地实现乡村风景与人文的融合。

7. 基层政权要牢固

做好基层政权建设工作，推进基层民主生活制度化，加强村务公开民主管理，创造风清气正的社会环境。

8. 互联网要全覆盖

人、财、物、技术、信息和时间等资源优化配置，拓展乡村产业发展新空间，利用信息技术提升乡村旅游的品质。

9. 农业机械要普及

有效推进农业规模化生产，扩大新型农业经营主体，加快乡村旅游发展的步伐，促进农民增收。

10. 农村改革要深化

处理好农民与土地的关系，完善农村基本经营制度，稳定土地承包关系，完善土地流转制度，让农民能从乡村旅游发展中受益。

2.3 西部乡村智慧旅游的建设目标

当前乡村旅游已经具备三大特征：一是规模大，如 2017 年，全国乡村旅游人数达 25 亿人，旅游消费规模超过 1.4 万亿元；二是投资大，如 2017 年，乡村旅游投资达 5 000 亿元，乡村旅游事业体超过 200 万家，乡村旅游不再是简单的"农村旅游"和"农业旅游"，而逐渐成为一个万亿级的新的大产业；三是影响大，表现为被中央、地方、企业和消费者广泛关注，成为旅游业、新型城镇化建设及扶贫事业的主题，成为人们新的生活方式。这些新的特征赋予了乡村智慧旅游建设的新意义。

1. 带动农村地区农民致富

以智慧化为手段的乡村旅游作为乡村振兴的重要抓手，带来了一种综合性的消费行为，它通过信息流可以更好地带动人流、物流和经济流，起到脱贫致富的造血功能。农民在参与乡村旅游发展中能够直接或间接获取发展的红利。

据相关行业数据统计,"十三五"期间,我国通过发展乡村旅游带动全国25个省(区、市)2.26万个建档立卡贫困村、230万贫困户、747万贫困人口实现脱贫。

2. 激活农村资金资源和资产

农村空心化导致大量农村资源闲置。据相关行业数据统计,2017年全国农村至少有7 000万套闲置房屋,农村居民点空闲和闲置地面积约为3 000万亩,一些地区乡村农房空置率超过35%。发展乡村智慧旅游,是盘活农村土地资源、资金资源、资产资源和信息资源,提高农村三资(资产、资金和资源)利用效率和产出附加价值的有效途径。

3. 解决西部农村地区就业问题

开展乡村智慧旅游建设可以充分依托当地条件,盘活农村生产设施和生活设施资源,直接或间接创造更多的就业机会,让更多的农民可以离土不离乡,就地实现转型。

根据相关报道,四川省2018年前三季度共有全国农业旅游示范点28个、乡村旅游经营户1.68万家,共接待游客达2.08亿人次,初步统计实现乡村旅游总收入达312.87亿元,吸纳就业人数达24.84万人。

4. 促进城乡旅游文化交融

重构乡村文化空间,可以有效缩小城乡二元结构的文化差异。据相关报道,截至2018年年底,浙江省建成1万多家村文化礼堂,这些礼堂既推动了当地的文化繁荣,又成为游客了解乡村文化的窗口,近八成浙江网民点赞浙江文化礼堂的建设发展情况。乡村智慧旅游建设可以带动城乡沟通和交流,消除信息鸿沟,吸引大量城里人下乡,促进城市文明和乡土文化交汇融合,形成城乡文明交流互动、共同进步的和谐景象,对农村精神文明建设起到积极的引导和促进作用。

5. 优化旅游市场供给

旅游发展从景区和城市延伸到了乡村,乡村旅游的发展满足了短途游、周末游、自驾游的需求,可进一步优化旅游市场的产品供给。

根据相关报道,2017年"五一"小长假期间,全国出游超过10公里6小时(不含工作等非旅游动机)的游客总计约1.34亿人次,其中乡村旅游人次约为0.79亿,约占同期旅游总人次的58.6%。

周末乡村旅游休闲已经常态化。调查显示,约有65.4%的居民最近一次乡村旅行是在周末，乡村出游已经成为居民周末休闲的主要选择。相比 2017 年春节期间的调研结果，一个月以内进行一次乡村旅游的比重由 77.2% 增至 83.0%，乡村旅游频率稳步增加。

6. 发展旅游助力脱贫攻坚

要实现脱贫攻坚，发展乡村旅游是一个重要渠道。党的十八大以来，全国旅游行业深刻学习领会关于"三农"工作和脱贫攻坚的系列重要讲话精神，以上率下，上下联动，乡村旅游和旅游扶贫成为各级党委政府推进脱贫攻坚工作的重要抓手。国家多个部门联合出台了《乡村旅游扶贫工程行动方案》《促进乡村旅游发展提质升级行动方案（2018—2020 年）》《关于实施旅游休闲重大工程的通知》《关于促进交通运输与旅游融合发展的若干意见》《关于支持深度贫困地区旅游扶贫行动方案》等多个文件。此外，财政部、农业部等多个部门，从财政、金融、政策、用地等方面加大对旅游特色小镇、乡村旅游示范项目在交通基础设施、旅游公共服务设施等方面的支持力度。

以 2017 年为例，全国通过乡村旅游实现脱贫人数占脱贫总人数的 17.5%。乡村旅游已成为我国农民就业增收、农村经济发展、贫困人口脱贫的主战场和中坚力量。

2.4 西部乡村智慧旅游的建设模式

在乡村旅游投资热潮下，所有村庄都适合开发乡村旅游吗？如何开发建设？这是值得探讨和思考的问题，需要对影响乡村旅游开发的内外条件进行分析。内在条件是指资源禀赋好、具有产业基础，外在条件是指地理区位和交通条件。

1. 资源禀赋好

有稀缺性、唯一性的生态景观资源，或者人文资源特别突出的乡村，拥有强大的吸引力，发展乡村旅游的优势得天独厚，更能通过互联网带来更大流量。

2. 地理区位优势强

位于都市圈环城休闲带或者大型景区周边的乡村，潜在客群市场巨大，乡村旅游发展具有一定规模，更能够通过智慧旅游平台的建设实现城乡信息对称。大部分乡村可以通过旅游产业来实现乡村振兴。

3. 产业资源特色突出

立足于当地规模化的产业优势，可以在与旅游产业融合的基础之上，通过提升产业体验度、延长产业链条的方式来实现乡村振兴。通过智慧旅游的建设更能打通相关产业链，提升产业效率和效益。

4. 信息化基础条件完善

智慧旅游需要依赖信息基础设施完善、网络条件好的乡村，当地管理部门信息化水平高、商家电子商务意识强、村民信息化知识普及度高，更能够提升乡村旅游的宣传力度、管理能力和服务水平，有利于发展智慧旅游。

智慧旅游是乡村旅游发展的方向，乡村旅游是旅游业的重要组成部分，更是充分发挥旅游扶贫综合优势的基础。按照产业兴旺、生态宜居、乡风文明、治理有效、生活富裕的总要求，从农村实际和旅游市场需求出发，坚持"生态优先，绿色发展；因地制宜，特色发展；以农为本，多元发展；丰富内涵，品质发展；共建共享，融合发展"的基本原则，强化规划引领，完善乡村基础设施建设，优化乡村旅游环境，丰富乡村旅游产品，促进乡村旅游向市场化、产业化方向发展，全面提升乡村旅游的发展质量和综合效益，为实现我国乡村全面振兴做出重要贡献。整体乡村旅游的推进可以按照以下路径进行：

1. 加强规划引领，优化区域布局

西部各地需要将发展乡村旅游作为重要内容纳入经济社会发展规划、国土空间规划以及基础设施建设、生态环境保护等专项规划，在规划中充分体现乡村旅游的发展要求。东部地区围绕服务中心城市，加快推进环都市乡村旅游度假带建设，而西部地区则围绕脱贫攻坚，积极推动乡村旅游与新型城镇化有机结合，合理利用古村古镇、民族村寨，打造一批乡村旅游精品线路。利用互联网智慧旅游，加强东西部旅游协作，促进旅游者和市场要素流动，形成互为客源、互为市场、互动发展的良好局面。

2. 完善基础设施，提升公共服务

提升乡村旅游基础设施，结合美丽乡村建设、新型城镇化建设、移民搬迁等工作，实施乡村绿化、美化、亮化工程，提升乡村景观，改善乡村旅游环境。完善乡村旅游公共服务体系，实施"厕所革命"新三年计划，推进旅游厕所向乡村拓展。推动建立乡村旅游咨询服务体系，加快推动乡村5G等信息基础设施建设，以及旅游信息平台等公共服务平台建设。

3. 丰富文化内涵，提升旅游品质

结合虚拟现实、增强现实等智慧旅游新技术，突出乡村旅游文化特色，在保护的基础上，有效利用文物古迹、传统村落、民族村寨、传统建筑、农业遗迹、灌溉工程遗产、农业文化遗产、非物质文化遗产等，并将其融入乡村旅游产品开发。丰富乡村旅游产品类型，对接旅游者观光、休闲、度假、康养、科普、文化体验等多样化需求，促进传统乡村旅游产品升级，加快开发新型乡村旅游产品。制定完善乡村旅游各领域、各环节服务规范和标准，加强对经营者、管理者、当地居民等的技能培训，提升乡村旅游服务品质。鼓励各地整合乡村旅游优质资源和互联网渠道，推出一批特色鲜明、优势突出的乡村旅游品牌，构建全方位、多层次的乡村旅游品牌体系。鼓励社会力量参与乡村旅游宣传推广和中介服务，拓宽乡村旅游客源市场。

4. 整合资金资源，强化要素保障

要完善财政投入机制，推动加大中央基建投资向乡村旅游项目倾斜。鼓励金融机构为乡村旅游发展提供信贷支持，创新金融产品，降低贷款门槛，简化贷款手续，加大信贷投放力度，扶持乡村旅游龙头企业发展。将乡村旅游项目建设用地、信息化基础设施完善等纳入总体规划和年度计划。在符合生态环境保护要求和相关规划的前提下，支持各地盘活农村闲置房屋、集体建设用地，开展城乡建设用地增减挂钩，根据相关规定利用荒地、可用林地和水面等资源发展休闲农业和乡村旅游。要将乡村旅游和旅游信息化纳入各级乡村振兴干部培训计划，加强对县、乡镇党政领导发展乡村智慧旅游平台的专题培训。

乡村旅游需结合实际情况，合理进行打造。综合考虑乡村的产业兴旺、生态宜居、乡风文明、治理有效、生活富裕等方面，选择适合自己的建设模式。建设模式大致可分为产业兴旺型旅游、生态宜居型旅游、乡风文明型旅游、治理有效型旅游、生活富裕型旅游。

1. 产业兴旺型旅游

创造出一种旅游引领的"外向服务型"乡村产业跨越发展模式。旅游产业具有经济结构调整、区域经济协调、对外开放扩大三种属性。乡村传统资源具有原汁原味的乡村资源、传统的第一产业。两者相结合就能创造出一种新型的乡村旅游模式。乡村旅游以服务外来旅游者为目标、以农民为主体、以农业和农村自然人文资源为基础，实现了三产对一产接续，培育了新兴产业。这种产业模式，实现了做强农业、做美农村、做富农民的乡村振兴目标，同时推动了农村从农业到服务业跨越式发展。

2. 生态宜居型旅游

将地区生态以及文化遗产保护、地区自然和人文资源可持续利用的旅游生态属性，与传统的乡村建筑风情、具有特色的乡村建筑艺术、原真的乡村空间格局相结合，创造出一种"天人合一"的新型乡村诗意栖居模式。每一座蕴含传统文化的村落，都是活着的文化遗产，体现了一种人与自然和谐相处的文化精髓和空间记忆。随着乡村旅游的开发演进，客观上要求乡村生活空间旅游化、乡村生态空间旅游化、乡村生产空间旅游化，这就要求乡村聚落规划建设要重新回归传统，建立起与时代相适应的诗意栖居环境。

3. 乡风文明型旅游

使用市场化手段，结合乡土传统文化创造出一种"自发自觉"的市场化乡土文化保护传承模式。该模式具有传统文化挖掘、历史遗迹开发保护等旅游文化属性，能保护传承田园文化、山水文化、农耕文化等。

中国是一个乡土社会，乡村是中华文明的主要保存地。"看得见山、望得见水、记得住乡愁"，文化的传承需要载体，乡村旅游满足了城市文化消费需求，为乡土文化保护提供了重要原动力，使乡村走出了一条通过市场化保护农村传统文化的最佳道路，实现了对乡土文化自发自觉的保护。

4. 治理有效型旅游

治理有效型是指创造一种"共建共享"的高级乡村治理模式。其政治属性具有特定观念性和特定精神性特质，可影响上层体制机制方向。要建设具有管理民主的新农村，形成居民、旅游者、当地政府多利益主体的乡村治理机制。

从新农村建设的管理民主到乡村振兴社会治理，乡村旅游可持续发展提出了乡村治理的更高标准和要求，即在乡村建立一种大家参与、人人享有的开放、共享的乡村治理机制。所有居民、旅游者，既是乡村旅游的贡献者，也是受益者；所有公共服务部门既是旅游服务产品的提供者，也是分享者。这是多利益主体共同参与的乡村治理新模式。

5. 生活富裕型旅游

生活富裕型是指创造一种"就地转化"的农民本土就业模式。乡村旅游最大的特点，就是农民本地化就业，劳动力富余。乡村旅游发展可以充分依托当地的条件和资源，实现农村生产设施和生活设施等就地转化与农村劳动力的本地就业，有助于解决城镇化过程中乡村人口大幅度减少带来的深层次社会问题。同时，乡村旅游是劳动密集型产业，就业门槛低、层次多、领域广，可以吸纳农村富余劳动力，实现充分可持续就业。

2.5 西部乡村智慧旅游的发展建议

根据上述内容，结合西部农村地区经济发展特点，发展西部乡村智慧旅游具有现实的需要和广阔的前景，但也存在不少难点和痛点，不管是政策问题、经济问题还是技术问题，都需要进行综合的研究和实践。因此，本书对西部地区发展乡村智慧旅游提出了几点建议。

1. 开展对乡村智慧旅游产业发展的研究

对于新时代的新发展要求、新时代人民日益增长的旅游文化需要、新的技术发展与技术突破，都需要用新视角、新思维、新方法、新模式、新手段进行研究和探索。要采用产学研政结合的方式，全面开展乡村智慧旅游产业发展研究，从学术和技术的角度，研究乡村智慧旅游产业发展的政策、法规、组织、机构、建设、运维、管理、监督，以促进西部乡村智慧旅游产业的健康持续发展。

2. 加大西部乡村地区涉旅配套设施建设

旅游要发展，服务需配套，乡村智慧旅游的发展，离不开网络、交通、住宿等基础设施的完善。因此，要拓宽资金投入渠道，加大投资力度，扶持建设基础服务配套设施。建设小康社会和解决"三农"问题的基础在农村，应该把加强科技、文化、医疗、教育、交通等农村基础设施建设摆在首要位置。针对乡村智慧旅游，一要加大政府对农村基础设施建设的投资力度，推进乡村旅游机制建设，加大西部农村地区相关基础设施投入力度，挖掘乡村旅游资源，大力发展乡村智慧旅游；二要创新乡村智慧旅游产品，吸引城镇人才或创业人士到乡村投资建业，从而带动农村经济发展，促进基础设施改善；三要提高县级以下农村各级政府组织和广大农民对发展乡村智慧旅游产业的认识，把握资源优势，有目的、有方向地发展乡村智慧旅游，提高旅游在生产总值中的贡献率。

3. 推动政策落实，健全管理体系

西部地区是农村全面小康建设的难点，政策的最大化利用与落实对于发展农村经济、扶助贫困地区极为重要。农村扶贫、乡村旅游发展等政策鼓励发展家庭宾馆、农家乐、牧家乐等服务业。但是目前中共中央、国务院下发的政策文件并未完全落到实处，使得农村经济的发展仍然处于落后和不平衡状态。为解决政策落实、改善农民生活和提高农村经济的问题，国家和各级行政主管部门可严格制定政府部门任务完成考核指标，以督促政策的执行。

4. 加大培训力度，提高从业人员信息化水平

乡村智慧旅游的建设、开发、和运营的成功与否，与专业人员发挥的作用密切相关。政府和旅游部门应该高度重视对本地农民进行人才培训，并加大人才引进力度。提高从业人员的信息化水平、信息素养和网络管理能力；提升其在经营服务、食品卫生安全、接待礼仪、餐饮和客房服务、乡土文化讲解等方面的整体素质和技能。加强对当地干部和业主在乡村智慧旅游项目开发、管理、促销等方面的专业知识培训，规范其服务技能，努力提高乡村智慧旅游的服务质量。借助互联网，整合乡村文化和民俗风情旅游资源，提高乡村智慧旅游的文化品位和服务档次。

5. 鼓励大学生到乡村创业，农民工返乡创业

大学生和外出打工的农民工在信息技术、互联网方面素养相对较高。西部乡村智慧旅游的发展，需要一大批熟悉互联网、掌握一定信息技术的人才。大学生和返乡农民工具有相对较高的文化水平，具备互联网思维，能很好地投入智慧旅游的建设、管理、维护和经营。他们积极响应"大众创业、万众创新"的号召，在乡村旅游领域扩大内需，提高就业率，解决就业难题。通过利用信息技术，以农村地区的自然旅游资源为依托，创新旅游产品，带动地区丰富旅游文化活动，吸引投资商，发展乡村智慧旅游，拉动地区经济，增加农民收入。

6. 重视搭建乡村智慧旅游综合服务平台

传统的乡村旅游服务质量一般较差，不能适应旅游者日益增长的旅游要求。各地正在深入实施"宽带中国"战略，加快信息进村入户，搭建乡村智慧旅游综合服务平台，不断满足游客需求。实施"互联网+"乡村旅游行动，推进现代化信息技术应用于乡村旅游、经营、管理和服务，发展乡村旅游智能化、精细化管理，促进乡村智慧旅游的可持续发展。

7. 发展乡村智慧旅游技术创新研究

乡村智慧旅游同城市智慧旅游的发展具有非常大的差异性，地域范围、区域特点、人口特点、技术特点都不一样。因此，需要加大针对广大西部地区、农村地区的乡村智慧旅游研究力度，在建设内容、建设模式、运营模式上，在整合云计算、物联网、大数据、人工智能和移动互联网方面，针对农村地区的智慧旅游开展技术和应用研究。

2.6　西部乡村智慧旅游的建设重点

旅游业在助推乡村振兴、环境美化、IP（知识产权）创建、产业融合、业态开发五个方面作用突出，因此，构建乡村旅游"六力模型"（六力：环境吸引力、IP竞争力、业态生命力、运营持续力、人才支撑力、产业拉动力）意义重大，而这也是乡村智慧旅游重点建设项目。

1. 环境吸引力

一改以往脏乱差情况，利用连片的竹篱笆、整齐的砖堆、清澈的河流，形成美房、美路、美田、美水等美丽集成，保存乡味，让游客领略不经修饰的自然美。乡村"旧"空间原味塑造，保留乡村自然美。就地取材，对水车、石磨、古井、古树、棚架、水缸等乡土物件进行简单的艺术加工处理，古味造景，让游客感受传统乡村艺术美。艺术介入，提升乡村气质美，打造网红新世界。

2. IP竞争力

打造特色旅游项目成为独有竞争点。其主要特点有三：一是发展的特色路，引导乡村进行差异化发展。IP从文化差异上、创意设计上打造乡村旅游吸引点，寻找独特的差异化发展道路，解决"千村一面"的乡村旅游问题。二是引流的黏合剂，引导游客前来旅游消费。IP个性化、稀缺性等特点，能使人产生代入感、温度感，自身的品牌效应更能形成一呼百应的群众效果，是乡村与游客之间强劲的黏合剂。三是建设的说明书，协调乡村建设有机更新。IP的特色主题和文化威力构建是乡村开发建设的最大共识，是各个部门与各环节快速了解和沟通的核心参照物，可消除或减少衔接过程中的隔阂。

孵化、培养、壮大乡村旅游IP需要一个过程。以市场需求为出发点，通过开发策划、产品设计、社群营造、品牌输出四个阶段来挖掘文旅IP的经济和文化价值，可为更多乡村旅游目的地注入有趣的"灵魂"，使其保持长久的吸引力。

（1）开发策划阶段

文旅IP资源化，赋能文旅项目生命。找准定位，聚焦核心吸引力；形态策划，演绎IP主题形象及内容；逻辑发展，完善IP故事线。

（2）产品设计阶段

文旅IP产品化，创新文旅产品体验。产品策划，扩充IP产品内容矩阵；

健全服务体系，丰富IP产品的极致体验；全域应用，多元文化跨界叠加。

（3）社群营造阶段

文旅IP传播运营化，提升文旅市场价值。制造话题，放大人群参与感；推陈出新，开发IP衍生品；营销推广，拉进与社区的情感纽带；统一运营，形成辨识度强的品牌。

（4）品牌输出阶段

文旅IP产业化，实现文旅价值变现。深度营销，持续使IP品牌爆发、生成与演化。纵向发力，延伸IP产业链及其价值。横向发展，IP规模化布局。

打造乡村旅游IP有两条路径：一是自创IP，通过资源依托法、文化挖掘法、无中生有法，创造乡村独有的IP，解决"千村一面"的发展困境；二是聚合IP，通过聚合嫁接法，进行IP定位、IP适配、IP导入、IP迭代，用成熟IP带活带火乡村旅游。

3. 业态生命力

伴随着个性化休闲时代的到来，乡村旅游产品及业态也在不断更新，并呈现出不同的发展阶段和差异化的发展特点。

萌芽阶段：乡村旅游初具形态，农户以家庭为单位自投资金形成的农家乐是主要业态形式。

快速发展阶段：涌现出一大批古村镇及少数民族乡村旅游地，以民俗风情游和古村观光游为典型业态代表。

全面发展阶段：乡村旅游助力解决"三农"问题，观光农园、休闲农庄等一系列与农业结合紧密的乡村旅游业态应运而生。

升级发展阶段：精品民宿、度假综合体、农业公园等新兴业态将引领乡村旅游向精致化、创意化的新时代发展。

乡村旅游的业态目前存在供需不平衡问题，亟待通过文化挖掘、强化体验、延伸产业链等方式进一步强化升级。文化挖掘是指以特色文化为吸引力，错位发展，以游客的期望为设计标准，提升乡村旅游的文化附加值。强化体验是指以乡村丰富的资源要素为体验载体，发展独具乡村特色的业态体验内容，满足体验时代的深层次需求。延伸产业链是指拓展乡村旅游的产业链和季节链，吸引文化创意、体育、养生养老等新型业态与乡村特色旅游融合发展。

乡村业态生命力体系构建、乡村旅游的业态活力体现为两方面：一方面，它为乡村输入了新鲜的血液——新业态、新内容、新供给、新价值等；另一方面，它对乡村的存量资源进行赋能，让沉寂的乡村资源恢复生产力，激发了乡村的自我造血能力。

（1）引爆主题产业提升核心吸引业态，进行卖点挖掘、资源整合，输出主体项目业态，进行主体产业再加工。

（2）迎合市场趋势丰富业态。

（3）升级后台产业，完善旅游产业链条，专业化、规模化、精致化。

4. 运营持续力

乡村旅游的运营建设离不开政府、客户、运营商、农民这四大主体。如果四者之间利益关系不平衡，就会导致乡村旅游运营中发生诸多问题。

政府，从经济发展、百姓致富以及生态环境保护等角度出发，是乡村旅游发展的引导者。客户，是项目得以发展的根本动力，是乡村旅游发展成功与否的试金石。运营商，主要解决投资收益与合作的问题，通过整合各类资源，把乡村旅游做强、做大，是乡村旅游发展的助推者。农民，其就业转移、生活水平提升有助于乡村旅游的社会效益与经济效益的提高，是乡村旅游发展的主要参与者。

存在的问题主要有三点：一是规模化经营意识薄弱。我国乡村旅游多处在低水平运作阶段，一家一户的分散化运营模式较为普遍，尚未形成管理体系与运营规模，对于乡村旅游发展的整合理念较弱。产品同质、恶性竞争等现象层出不穷，不利于统筹管理和旅游发展标准化建设。二是运营主体站位不清晰。目前我国大多数乡村旅游企业管理机构繁杂，权责边界不清晰，导致乡村旅游运营缺乏竞争意识，很难适应市场变化。三是多方协作机制不顺畅。乡村旅游发展涉及土地、旅游、环保等多个部门，不少乡村旅游开发采取的是政府投资开发的公有模式，在多头管理的制度下，各级管理机构各自为政，互相推诿，自上而下沟通不畅导致信息不对称和办事效率低下，严重制约了乡村旅游经济结构的优化建设。

乡村旅游的开发需要政府、企业、当地居民等各方共同参与，涉及利益体较多，因此按照乡村旅游成长的协调机制，可将乡村旅游的经营模式划分为四种类型：

（1）政府推动型模式

以政府为主导，政府作为乡村旅游开发的主要力量，充分发挥经济调节作用。政府推动型模式对于乡村旅游开发早期阶段或经济落后的贫困地区具有很强的适用性。

这种模式存在的问题是，在早期阶段发挥巨大作用，但其高度集权会压抑旅游市场的正常发育，引起市场化不足。

（2）村民自主开发型模式

"个体农庄""农户＋农户""示范户带领"等模式常见于乡村旅游初期阶段，经营权与所有权合一，农民参与度高，乡村风情原真性强、投入少、见效快，适合村民发展旅游积极性高，且刚刚起步的乡村地区。

这种模式存在的问题是，受限于投资经营主体的能力，难以形成规模化发展，对乡村旅游经济的带动作用偏弱。

（3）乡村组织型模式

该模式是由自发组织协会或部分组织引导的乡村旅游发展模式，通常有统一的开发管理机制，有利于调动农户积极性，具有投入低、回报高、农户参与性强的优点，适用于市场比较发达、村集体的经济实力雄厚的地区。

这种模式存在的问题是，通常缺乏专业知识、专业人才，没有统一、长期的规划，管理投资力度弱、发展规模小、市场竞争力不足等问题严重。

（4）多利益主体参与型模式

该模式是未来乡村旅游发展的趋势。各方利益主体能够较好地协同合作，同时避免了过度开发或商业化，适用于需要通过强有力的外力作用、高位切入的经济欠发达地区。

这种模式存在的问题是，由于投资大、涉及利益团体多，需要政府、村民、建设主体、旅行社等多方达成一致才能发展乡村旅游。

5. 人才支撑力

乡村旅游发展过程中最核心的问题就是乡村旅游人才匮乏，以及目的地对乡村旅游人才培养的忽略。具体存在三个方面的问题：

（1）文化水平相对偏低

大部分乡村旅游的从业者主要来源于乡村本身的劳动力，没有接受过正规的旅游教育培训，缺乏建设开发、运营管理的经验。

（2）旅游培训缺乏

乡村旅游从业者大多缺乏专业的旅游知识。国家与政府对乡村旅游人才的培训从 2016 年才开始起步，针对乡村旅游人才的培训严重不足。

（3）人才引进困难

旅游专业人才本身存在缺口，受制于乡村工作地点以及生活条件，人才吸引力不足，导致乡村旅游人才引进困难、流失严重。

为此亟须建设乡村旅游的人才梯队，以党政干部、经营管理人才、旅游服务人才为主的三支队伍，支撑乡村旅游人才"金字塔"，助推乡村旅游目的地打造最具活力的立体人才体系。党政干部以上位的视角，系统推进乡村旅游目的地建设；经营管理人才作为管理者，具备了解旅游行业动态、行业需求的能力，加强基层服务人才的培训；旅游服务人才作为实践者，强化自身旅游服务技能。

政府、企业、个人三方共同催生乡村旅游人才合力。政府引导，出台鼓励及鼓励保障型政策，构建人才培训体系；企业支撑，强化三支队伍的旅游培训，成立人才项目基金，建立旅游人才示范点；个人参与，注重能力提升，主动参与学习。

6. 产业拉动力

乡村旅游产业的发展经历了从产业兴起到产业发展再到产业升级。最初依托于乡村特色资源，在政府的推动下，形成以农业观光、绿色农产品品尝为主的乡村旅游产业的初级阶段。发展阶段是在传统观光的基础上，形成一系列复合功能，使乡村旅游产业及相关环节产生的效益不断增加。升级阶段也是深入发展阶段，在多元化、个性化、综合性的旅游需求下，乡村旅游产业朝着集群化、综合型转变。但在发展过程中也存在很多现实瓶颈：一是产业基础长久以来呈现出发展不平衡的态势，乡村基础设施及配套不完善，导致乡村产业基础薄弱；同时，以生态环境为依托的乡村旅游对其承载能力也造成了一定的压力。二是产业回收周期较长，旅游产业的特性决定了乡村旅游长线回收的特点，投入产出效率低，投资回收周期长，较难在短时间内形成投资—增值—再投资的良性循环系统。三是乡村的土地指标控制严格等因素对市场资金吸引力不足。四是产业格局未能形成产业闭环。以第一产业为前提，缺乏功能延伸，未能建立起三产间的关联性融合，各个产业之间联系不够紧密。五是受限于运营主体的整合能力，未能完成对乡村资源的最大化统筹，产业链中各个部门协作意识不强，造成产业链过短。

旅游助力乡村产业兴旺的创新路径主要有全域产业融合、特色产业培育、产业体系构建。塑造全新全域资源观，整合全域乡村新资源，将其类型化、空间化、规模化、品牌化、特色化。存量盘活优化乡村传统资源配置。政府引导基础设施升级，优先解决交通问题、改善乡村食宿条件、保护乡村原真环境、完善娱乐配套设施，全面升级打开乡村旅游产业入口。乡村旅游产业链横向拓展，纵向融合乡景、乡味、乡宿、乡情、乡文，集群发展构建产业链整合模式。

2.7　本章小结

　　本章探讨了发展乡村智慧旅游对于西部农村经济的促进关系，给出了西部乡村智慧旅游发展的几点建议，梳理了西部乡村智慧旅游的建设目标，结合政策和目标给出了西部乡村智慧旅游的几种建设模式以及建设工作的重点内容。通过乡村智慧旅游的发展，可以促进西部农村经济的发展，实现精准扶贫、振兴乡村。

3 西部乡村智慧旅游应用平台开发

乡村智慧旅游平台的建设，涉及经济问题、技术问题、应用问题、推广问题、运营问题。平台面向的对象包括主管部门、涉旅商家、信息化部门、信息化商家、当地村民和游客等，涉及景区、商铺、交通、住宿、休闲等诸多场景。因此，建设乡村智慧旅游平台，需要拟定乡村智慧旅游平台应用系统的建设思路，设计基于多维度的乡村智慧旅游建设方案，给出路径和方法，并分析其中的关键技术。

3.1 应用平台开发原则

乡村振兴背景下的西部乡村智慧旅游平台建设，要依据其建设的前提、背景、发展趋势，立足于现实需要和技术发展的情况。要根据实用性原则、标准化原则、安全性原则、先进性原则、统一性原则和实效性原则对平台进行建设。

1. 实用性原则

项目建设的规划起点要高，功能要切合实际，重在应用，坚持以需求为主导，从实际出发，深入开展业务调研，保证系统顺畅使用，易于维护，符合西部广大乡村地区的实际情况。

2. 标准化原则

项目建设要严格遵循国家有关的标准和规范，制定服务数据交换标准，建成通用的接口，便于其他各级各类应用系统的接入，也为未来新增其他应用提供扩展接口，便于管理、节约投资。

3. 安全性原则

需要符合国家信息安全等级（三级以上）保护要求，确保政务信息安全、景区信息安全、游客信息安全，防止信息被非法访问、非法盗取、非法破坏，保障数据和信息的安全，保护各方利益。

4. 先进性原则

由于技术更新迭代快，新技术风险较大，因此需要坚持先进技术与实用技术相结合的原则，保护有限的投资，保证乡村智慧旅游系统的质量，充分运用已有互联网技术及移动互联网技术，特别是大数据和物联网技术，在选择成熟技术的基础上，适度超前。

5. 统一性原则

依托现有的信息化建设成果和成功经验，整合乡村旅游各方的信息资源，通过平台项目的建设，把分散的、独立的信息资源整合为统一的数据，达到互联互通、资源共享的目的。

6. 实效性原则

平台建设要始终以服务游客为主线，强化服务的职能和应用，强化服务用户群体的广泛性和应用服务方式的多样性。通过信息采集、信息共享、信息发布等多种方式为旅游主管单位、涉旅企业及游客提供全方位、多角度的服务，充分发挥平台的服务功能。同时，在前期广泛调研的基础上，结合实际业务需求，讲求实效，明确效益指标，确保平台建设应用达到预期的效果。

3.2 "1556" 乡村智慧旅游平台框架的提出

通过理论研究与不断实践，结合现代信息技术和西部地区地域、自然、人口和经济等特点，本书提出了"1556"乡村智慧旅游平台框架，即"一个大数据中心、五个终端、五个面向、六大子平台"，为各项服务管理工作提供无所不在的一站式服务。该平台旨在消除信息孤岛和应用孤岛，建立统一的信息系统，实现部门间互联互通，运用新技术提高工作效率、管理效率、决策效率、信息利用率以及核心竞争力，使总体水平达到国内一流。"1556"智慧旅游平台框架如图3-1所示：

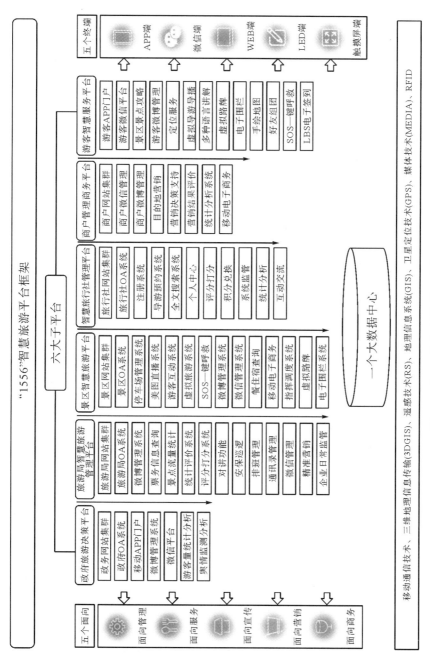

图3-1 "1556" 智慧旅游平台框架

1. 一个大数据中心

区域内所有结构化数据和非结构化数据，全部集中于统一的大数据中心，形成统一的数据标准、数据安全和数据应用。通过大数据可以进行智能服务、机器学习挖掘、智能营销，同时保障了数据安全，解决了财政投资问题。

2. 五个终端

构建满足多终端应用、多屏应用，包括 APP 端、微信端、WEB 端、LED 端、触摸屏端。

（1）APP 端

采用多种操作系统版本，支持 90% 以上的智能手机，将旅游景区（点）的吃、住、行、游、购、娱等六大类的图片、文字等信息收集编录其中，并不断更新升级，让旅游者在行动之前即可使用 APP 端随时随地查阅、掌握各景区的风光景象、民俗文化及相关服务的动态信息，以便从容制订出行计划。

（2）微信端

微信端不仅可以使信息通过手机实时接收，还可以使信息通过朋友圈分享进行多次传播，具有大众媒体无可比拟的快速便捷性，具有传播速度快的特性。

（3）WEB 端

与 APP 端和微信端相类似的 WEB 端，可以使用户在传统电脑上获得所有的乡村智慧旅游服务信息。

（4）LED 端

建立 LED 端，可以对通知、公告、预警等各种信息进行统一集中管理和 LED 展示管理。

（5）触摸屏端

触摸式导览机可根据景区的特点对诸如景区介绍、景区视频、景区新闻、景区活动等进行定制。充分利用触摸屏的特点，使游客获得良好的互动体验。

图文并茂，查询生动。运用文字、图像、声音、视频、动画等充分展示景区为人民服务的良好形象。

用户可根据实际需要修改显示内容。通过与局域网和综合管理平台的互联，游客可以通过导览机远程浏览景区实时视频，通过虚拟游模块体验景区风光。

采用触摸屏进行查询时，游客仅需用手指轻点相应的导航按钮即可完成所需的查询。

3. 五个面向

（1）面向管理

通过乡村智慧旅游平台建设，实现旅游局管理、地区政府行政管理、监察部门管理、安全部门管理、景区管理。对这些部门或机构的办公、审批、监督、监察、服务、考核等进行全方位的管理。

（2）面向服务

"以人为本，信息共享"为游客提供了"全过程、一站式、个性化"的旅游综合信息服务，利用云计算、移动通信、身份识别等技术，可以使游客主动获取旅游资讯、远程感知旅游体验、制定旅游攻略和定制行程、采购商品等，提升了游前、游中和游后三个阶段的旅行体验。

（3）面向宣传

通过大数据，分析游客行为数据，精准宣传。开展多终端的宣传，包括APP端、微信端、WEB端、LED端、触摸屏端。

（4）面向营销

构建"1556"智慧旅游平台，基于大数据中心实现对数据的有效聚合，利用大数据实现"深度挖掘，重视感知，及时分析"的精准全域营销。

（5）面向商务

建立全程电子商务系统，游客可以在线购票、预订酒店、采购农产品和特产，并完成吃、穿、住、行、游、购、娱等全程的电子商务交易，实现购物、支付、快递、统计等电子商务功能。

4. 六大子平台

六大子平台包括政府旅游决策平台、旅游局智慧旅游管理平台、智慧景区旅游场馆平台、智慧旅行社管理平台、商户管理商务平台、游客智慧服务平台。

政府旅游决策平台为政府部门提供及时有效的数据分析及决策依据。

旅游局智慧旅游管理平台从景区的信息、监测、巡检、应急、控制、维护、安保、销售等方面为旅游管理部门提供全方位管理服务，从而提升旅游行业的管理水平。

智慧景区展馆场馆平台利用信息化手段全面提升景区管理水平，为游客提供更加安全、便捷、舒心的旅游环境。

智慧旅行社管理平台面向专业的导游群体，为游客提供专业、可靠的导游预订服务。

商户管理商务平台通过整合旅游目的地所有资源满足旅游者个性化需求，与电子商务平台对接将旅游产品供应商、旅游营销渠道供应商纳入系统，整合分析全平台的各类业务、交易信息，为营销方案优化提供数据支撑。系统对所有微信、微博以及在电商平台交易的用户的信息进行分析，对游客地域、年龄、喜好、对景区感兴趣程度、旅游满意度等方面进行分析，实现精准营销。

　　游客智慧服务平台整合智能行程定制、旅游服务预订、游客投诉处理等多方面数据，从吃、住、行、游、购、娱各方面为游客提供一站式服务。

3.3　"1556" 乡村智慧旅游平台的重点建设内容

　　"1556" 乡村智慧旅游平台的重点建设内容包括面向地方旅游局的智慧旅游管理平台、面向旅行社的智慧旅游监管平台、面向游客的智能化服务平台。

3.3.1　面向地方旅游局的智慧旅游管理平台

　　面向地方旅游局的智慧旅游管理平台是乡村智慧旅游平台最复杂和最为重要的部分，为地方政府发展、规划、管理、统筹、统计和监管乡村旅游业提供了信息化基础设置。

　　1. 区域旅游综合网站集群系统

　　该系统是连接所有旅游管理机构、景区、涉旅企业和游客信息的集中网络阵地，主要包含内容及典型技术参数如下：

　　（1）网站管理系统

　　①栏目管理系统

　　a. 支持栏目灵活的分类分级管理，提供灵活的分级权限控制；

　　b. 支持栏目的灵活定制，支持栏目内容的模板化编辑；

　　c. 显示栏目管理查、删、增、改功能，支持栏目的批量导入；

　　d. 支持创建无限级栏目；

　　e. 支持栏目类型的选择，如新闻、领导介绍、专题类型；

　　f. 支持设置栏目在网站地图中显示（或不显示），提供个性化设置，支持栏目颜色高亮（或不高亮）显示；

　　g. 支持主模板选择，如栏目的内容页、详细页；

　　h. 支持批量新增栏目、批量删除栏目；

i. 支持根据栏目的重要性对栏目进行排序；

j. 支持根据栏目名称的关键字进行栏目的检索。

②组件管理系统

支持组件的内容管理、组件的样式配置、组件的重命名、组件的配置预览、组件的共享管理。

③可视化建站管理系统

为用户提供可视化的站点设计工具。采用可视化、构件化网站构建模式，通过鼠标拖曳即可实现网站功能的搭建与调整，实现"傻瓜式"维护管理网站，网站建设及维护无须编写代码，最大限度保持系统稳定。既便于门户网站系统的日常维护与不断优化，又可提高网站美工编辑维护工作的效率。

④模板管理系统

在浏览器上通过拖曳组件的方式对复杂动态网站模板进行建设。根据实际需求，对所有部门进行需求调研，并根据各自的需求建设网站，提供多于部门数量30%的内置子站模板，以便系统管理员选择合适的子站模板进行子站快速建设。

⑤流程管理系统

全面的自定义流程管理。

⑥权限管理系统

支持网站协作管理。网站管理系统既可以按组织机构分组划分权限，又可以按人员划分权限。权限划分可以对网站模板、内容、互动平台、网站备份等功能进行细致权限分配，确保网站管理工作的有序进行。系统具有较好的安全防护功能，可以有效防止入侵、攻击，且具有网站入侵日志查询功能。

⑦用户管理系统

系统可按照需求及权限对用户进行管理。支持多个级别的用户管理及权限设置。

⑧日志管理系统

管理所有工作记录，包括人员账号、登录 IP、操作时间、详细描述等。

⑨安全管理系统

系统设计严格遵循安全性原则，以保证系统的整体安全性。提供全面方式SQL 注入攻击、自定义 IP 规则限制、抵御 DDOS 攻击等多层次的安全保证，尽最大可能防止黑客入侵。提供对站群及子站的站点可用性分析及性能分析服务。

⑩部署方式

a. 支持大规模集群式部署和分布式部署；

b. 支持网站前台和后台分开部署；

c. 支持跨平台部署。

（2）内容管理系统

内容管理系统作为整个网站系统信息发布和网站管理的支撑平台，具有"所见即所得"的可视化文档内容编辑效果。支持多栏目信息发布；支持站群系统各站点间信息互通共享，子站信息可以推送到门户主站，子站与子站之间也可以实现信息的共享、推送和引用；支持跨站全文检索。

基于"主站+子站"的网站群架构建设，用户可以在站群中任何一个站点通过跨站全文检索技术进行基于站群层级的数据检索，以形成统一的学院外网资源数据库。可定向自动采集相关网站信息，采集的信息自动或经审核发布到本网站相关栏目。系统提供上传下载管理的功能。网站系统管理员可对下载文件进行分类定义，可以定义下载文件的属性。针对用户提供统一互动平台。用户可以通过互动平台向各部门进行问题咨询等，相关部门可以对问题进行受理回复。各部门问题由管理员分配于各部门受理，同时管理员可以督查各部门问题受理状态。留言具有审核功能。

内容编辑包括如下功能：

①支持 Word 和 WPS 无缝集成（Word 直接复制、粘贴内容和格式），并可直接从 Word 里拖动内容到内容编辑器，可保留或过滤其在 Word 中的格式。

②支持多种格式附件的上传。包括 Txt、Word、PDF、PowerPoint、Excel。附件会自动上传到资源管理系统，并分类存储。后台可对上传图片设置长度、宽度、大小等限制，超出限制的将被自动等比例压缩。

当编辑器内的附件或图片被删除时，写入硬盘的相应文件或图片也被同时删除；当某条网站信息被彻底删除时，与该条网站信息内容相关的附件与图片（指在编辑器内上传的）也能被自动删除清理，不存在垃圾文件。

在编辑正文内容时，可使用下方的"清除段首空格""清除空行""首行缩进""一键排版"按钮快速设置文章格式。

③支持表格的可视化制作功能，要求能够支持通过拖动方式调整单元格大小的功能。

④支持任意格式的附件功能，包括多媒体、Flash、文档、文件等。

⑤支持与视频、音频发布系统无缝衔接，实现文字、图片、流媒体的混合

编辑。

⑥对各版本 Word/WPS 文档内容具有良好兼容性，支持样式的无差异粘贴。

⑦提供常用的编辑工具，支持编辑文本样式、表格、图片以及各类多媒体元素等。

⑧支持 Word/WPS 一键导入、一键排版、文档一键 PDF 转换功能。

⑨提供文档内容的关键词自动采集与关键词间自动关联功能。

⑩支持具有稳定和良好兼容性的附件上载功能，支持各类办公文本、压缩文件、各类图形图像、各类媒体的上载与集中管理。

⑪支持 Word/WPS 文档中的嵌入图片自动上载功能。

⑫支持对上载图形图像自动追加水印，支持图片的多尺寸缩放，支持图片的多场景应用。

⑬支持文档发布的预览功能，预览效果与实际发布效果无差异。

⑭编辑器兼容目前业界主流的各类浏览器（含国内 360、QQ、猎豹浏览器），兼容 IE7.0 版本及以上、Firefox10 版本及以上浏览器，提供编辑器内核的及时更新服务。

⑮提供网站迁移工具，可对原有网站进行迁移。

⑯具备在线体检功能，可以提高网站安全防护。

⑰具有一键换肤功能，满足特殊节日要求。

⑱提供站群数据恢复功能，可以一次性恢复整个站群数据。

⑲具备信息发布管理功能，支持文章在线编辑，可实现不同用户的编写、审核、发布等操作，可以实现一篇文章同时发布到多个子网站、多个栏目、多个平台，避免重复操作。

⑳支持截图功能。

（3）站群管理系统

①站点管理系统

系统采用"主站+子站"的站群管理模式，支持多站点管理功能，支持站点的新增、删除、开通、关闭，子站建设数目不设限制，支持站点二级域名、空间及子站高级管理员的分配管理。系统具备网站备份与恢复管理功能，支持计划备份及增量备份、备份文件的上传及下载。

系统提供站点运行情况、访问情况、各板块受欢迎程度、内容维护情况的记录，以便管理员能及时了解网站的运行情况及用户最关注的内容，为网站运行提供决策依据，并可生成各种表现图形展示及统计报表文件。支持网站管理绩效考核，可自动统计各单位各时间段发布的信息量，并能生成统计报表。支持对整个网站群中各子站的上传信息量和访问量进行计算，并可进行排名统计。

②统计分析系统

站群及子站的流量和内容统计功能，可提供子站可用性和维护工作统计分析。拥有一套统计系统，通过对网站（群）的各个子网站（或者栏目）的总访问量、年访问量、月访问量以及日访问量进行排名、统计和分析，以便根据用户的喜好及时改进网站，提升用户满意度。

a. 支持网站/站点访问量排名，对网站/站点的总访问量进行统计和排名；

b. 支持网站/站点栏目数量排名，对网站/站点栏目数量进行统计和排名；

c. 支持网站/站群文章数统计，对各网站/站点的信息量进行统计；

d. 支持网站/站群在线管理员统计，对整个网站/站群在线的管理员以及用户进行查看，记录在线时间；

e. 支持网站/站点投递信息量统计，对每个网站/站点对哪些站点投递了信息进行统计，包括站点名称、投递数、采用数、合计总数等，并可以按照时间段进行查询；

f. 支持网站/站点来源信息量统计，对各个站点所有其他站点投递来的信息进行统计，包括站点名称、投递数、采用数、合计总数等，并可以按照时间段进行查询。

2. 乡村智慧旅游微博管理系统

该微博管理系统可帮助用户管理多机构、多部门在多个微博平台发布的内容。一次创建，可同时发布到多个平台，可以图形化监控、评测和管理多个平台微博，可及时获取多个平台、评论、转发等信息，可对微博各项指标进行综合性评估。支持新浪微博、搜狐微博。

①多账号管理系统

多账号管理，具备管理不同平台的多个微博账号的功能。

②信息发布管理系统

具备对不同平台、不同账号微博的信息进行推送发布的功能。

③内容审批系统

对旅游局内部用户提供统一开放微博内容发布的功能，不同权限的人拥有与权限一致的审批、发布、编辑功能。

④用户权限管理系统

按照不同权限、级别、机构，区别赋予用户相应的功能。

⑤文档管理系统

具备对音频、视频、图片在其他微博平台通用适用的文档管理功能。

⑥日志管理系统

具备监控管理全体用户的操作记录、存档、追查功能。

⑦数据采集系统

具备对不同微博账号、不同粉丝分布及微博影响力的分析功能。

⑧系统功能

a. 系统具备针对流行的如新浪微博的多账号全面兼容管理功能，针对其他如搜狐微博等微博账号的常规功能兼容管理功能；

b. 系统具备对被管理的微博账号进行接入的功能；

c. 系统具备对所接入的各种微博账号进行信息发布的功能，可发布常规的音频、视频、图片、文字等内容，对不同微博的差异性进行兼容；

d. 系统具备给所有单位用户微博内容编辑申请发送功能，根据所属部门、机构、角色赋予不同权限，多级审批通过后的微博自动以指定微博账号推送发布；

e. 系统具备用户权限、角色编辑管理功能，且与 PC 应用、移动应用之间统一权限；

f. 系统管理常规微博内容涉及的音频、视频、图片、文档；

g. 系统具备安全日志追踪管理功能；

h. 系统具备账号健康分析、影响力分析、内容分析等功能。

⑨系统性能

a. 系统具备对微博数据误差 12 小时的更新扫描功能；

b. 系统具备对通用微博数据的统一兼容管理功能；

c. 符合规范的微博推送到指定微博账号时间不超过 5 秒；

d. 系统支持 50 000 人同时在线访问；

e. 系统具备多维度数据、跨域数据分析功能；

f. 系统具备溯源、智能影响力定位功能。

3. 旅游局微信管理系统

旅游局（景区）微门户是指对旅游局（景区）移动端的微门户平台结合全景、组图、介绍文字等的展示。

（1）门户基础模块

可以分栏目对城市、旅游局进行介绍，具体可以通过 360 度全景、组图、文案等展示。

城市介绍主要是对城市全景、公共设施等的介绍。

旅游局的介绍主要是对城市旅游信息中心的资讯、最新动态的介绍，并支持信息查询、搜索。

（2）资讯模块

可以分多个栏目发布、管理资讯。

可以在二级频道中创建、编辑、删除资讯。

支持对资讯栏目内容的管理，比如新增、修改、删除、审核、发布等。

支持设定资讯栏目内容的基本操作、审核、发布的权限，阻止不文明语言、过激语言在网络上扩散。

（3）全景管理模块

有自动化切图工具，可确保全景大图切割成相应的规则小图，以便应用时快速加载。规范编目管理、信息浏览、快速搜索、系统运行维护、元数据管理维护等功能。

通过利用 360 度全景技术，摄取多张各景区典型景点图像，使用软件进行图片拼合，模拟人站在某点环视四周及抬头、低头所见，把二维的平面图模拟成真实的三维空间，呈现给观赏者。

（4）系统集成及接口开发

①预留系统集成测试和第三方系统的接口，比如支付宝。

②系统支持 MySQL、Oracle 及国产数据库（达梦数据库）。

③数据库具备完善的三重备份系统，确保数据的完整性。

④系统具有大数据检索的能力，检索引擎检索及时支持峰值为 10 000 的并发操作，检索响应时间小于 3 秒。

⑤系统具备 SLB 负载技术、双机热备功能。

（5）基于位置的 POI 数据管理

POI 是"point of interest"的缩写，即为"兴趣点"，每个 POI 包含名称、类别，经度，纬度，附近的酒店、饭店、商铺等信息。

基于位置的 POI 管理，衍生出一键导航、地理定位等应用。

基于地图模式的 POI 管理，支持游客新增、删除、修改兴趣点。

（6）GIS 图层管理

GIS 图层管理是指对 GIS 图层及数据管理自定义图层进行绘制、管理。

GIS 图层管理将控制图层是否显示、图层的显示顺序，以及管理图层的属性信息（名称、坐标系统、图例等）。

（7）支撑软件开发服务

旅游线路规划与推荐、行程推荐基于后台创建的路线而生成。

关联 POI，基于 POI 按顺序串联形成路线，判断 POI 之间的行程时间，设置景点类 POI 的大致游玩时间，可以计算出某个行程的大致耗时。

分别按目的地、主题、兴趣为用户推荐个性化精品旅游线路，用户只需要简单选择便可生成一份优质的行程单，再结合自己的偏好适当调整来完成全部计划。

行程定制基于用户偏好生成个性化线路。根据用户挑选的 POI 来决定起点和终点，依据相关线路规划算法生成一条线路。

增加关键字或者标签来标记特色，用户可以根据这些关键字或标签来选择生成自己感兴趣的线路。

配套服务：推荐途经线路周边的服务点、商户点。

4. 乡村智慧旅游舆情监测分析系统

该系统各项监测指标紧扣 2019 年《国务院办公厅秘书局关于印发政府网站与政务新媒体检查指标、监管工作年度考核指标的通知》的要求，紧密结合政府网站、微博、微信日常运维监管要求，依托最先进的云计算、数据采集技术，具有专业化、智能化、精细化、实时性、准确性等显著特点。该系统能够为用户提供统一监控，监控内容包括内容可用性、链接可用性、信息更新情况、互动回应情况、服务实用情况和敏感信息等。

（1）基本功能

基本功能包括站群、微博、微信可用性监测，链接可用性监测，首页信息更新，基本栏目信息更新，互动回应情况，服务实用情况，敏感信息监测，实时预警，即时评分，定期报告，一键复查等。

（2）实时全景扫描

①统一监管

按需添加监测站点，所有站点统一监测管理，各站点实时全景状态完整呈现。

②页面内容监测

按照站点信息架构，分栏目、分页面进行检测数据采集和分析。

③全天 24 小时网站看护

提供全天 24 小时监控，发现网站故障及时预警和处理。

（3）立体智能监测

①全方位监测

紧扣网站、微博、微信监测需求，提供覆盖网站主要功能的全方位、立体化的监测服务。

②智能化监测

针对不同栏目页面制定个性化的监测策略，扫描与增量监测相结合。

③可视化图表

实时展示关键性能指标和变化，简洁、直观，并支持图表导出。

④一键生成评分报告

可自选报告日期，一键生成评分报告并导出。

（4）闭环深度分析

①多种方式实时预警

支持邮件、微信、短信方式实时预警，及时掌握网站动态变化。

②问题跟踪闭环管理

支持断链、敏感信息等问题定位，支持复检和一键重新评分，对问题闭环管理。

③监测数据挖掘分析

对数据进行精准地整合、统计、分析，发现网站运维过程中的隐患。

5. 社交互动服务系统

社交互动服务系统包括明信片的制作和转发、旅游照片评比、点赞达人评比等活动。

（1）在线互动

通过发表照片、留言、关注等功能，引导用户自主去传播推广景区旅讯。

（2）在线设计

①支持在线设计明信片，系统调用相机或者手机相册接口，拍摄或者挑选照片，上传到明信片制作页，写上祝福语。

②支持将制作的明信片进行转发和分享，可以转发给微信好友或者发布到朋友圈。

③支持游客对明信片进行管理，比如将未完成的明信片进行暂存，以后需要继续制作时，点击保存的明信片即可继续设计。

④支持查看朋友圈对发布的明信片的点赞、评论等。

（3）点赞

①支持游客对朋友圈发布的信息进行点赞，点赞完成之后，朋友圈的小伙伴也能看见点赞信息。

②支持对送出的"赞"和收到的"赞"进行统计。

6. 虚拟旅游与智能导游系统

基于地理位置，进行集文字、音频、视频、三维实景为一体的旅游文化推送，增强现实导游导览系统。

360度全景虚拟旅游，通过使用数码相机捕捉真实场景的图像信息，结合全景软件制作虚拟旅游，从游客角度出发，创造新的旅游文化。

通过GPS卫星定位系统，精准感知游客所处位置。根据游客位置的变化，自动播放真人语音导游词，智能播报，对游客眼前的景观、景物，采用语言、图片、（已付费接入的）全景等方式进行多方位的详细讲解。真人语音导游可实现话术、内容、节奏等多元素的标准化、统一化，在体现现代科技技术的同时，也大大降低了人工成本。

导游文件可以下载至本地，进行脱机浏览使用，即使在没有网络的环境下，用户也可以进行浏览。

7. 周边服务商圈集成

周边服务商展示平台，接入景区周边酒店、农家乐等商户，为游客提供吃、住、行、游、购、娱一体化的服务。

（1）商户展示

对景区及其周边吃、住、娱、购等服务实体进行展示。

①支持包括图文展示、全景展示、距离判断、地图导航等功能。

②支持游客通过所在地区、价格区间、网友评分等方式查询周边商家，同时也能看到商家的相关照片、文字介绍、周围环境、联系电话等详细资料。游客在查看商家信息的同时，也能够将商家加入收藏夹。

③支持根据旅游所在地，判断出去往周围商铺的捷径线路，为游客出行提供便捷。

（2）在线预订

支持一键拨号、在线预定（不支付）、评论留言等功能。

①展示周边商家的号码，支持一键拨号，游客可通过一键拨号咨询相关事项。

②支持游客在线预订、管理订单，比如删除订单、修改订单、新增订单、查看订单等。

③支持游客对周边酒店及餐饮的服务进行在线评论留言，同时可以查看相关的留言，并且管理自己的留言评论。

（3）营销支付

系统将开通网银接口连通数据，连接独立的第三方支付平台，包括支付宝、微信支付等方式。

①实现微信卡券（优惠卡、折扣券等）营销，实现手机端在线支付（微信支付及支付宝支付）等功能。

②游客可以管理自己的订单，如支付、退款、退货、关闭订单等。

③支持游客查看订单详情以及订单当前的处理状态等。

④支持游客对所购物品进行评价、打分。

（4）交通导航

对区域内的主要交通枢纽如飞机场、火车站、汽车站开发实时导航功能。

①游客输入目的地，可实现当前位置至目的地的自动线路推荐和导航。

②支持对主要交通枢纽信息的查询，比如飞机场的航班查询、火车站的列车时刻查询以及汽车站的发车时间查询等。

8. 平台运营服务

（1）运营数据挖掘

实现对平台、微信公众号等数据的挖掘。

①对微信公众号平台运维数据进行统计、分析等。

②收集平台客户基本信息、用户投诉信息、客户互动信息数据等进行综合统计、分析，为旅游发展规划决策提供参考依据。

③支持对微信关注用户的性别、年龄、时间进行数据统计、分析等，以便了解微信的关注人群。

④支持用户对微信关注的栏目、旅游信息、景点信息等进行综合统计、分析。

⑤支持对用户预订的酒店、购买的景区门票、消费的餐饮等信息进行多维度的统计分析，为商家改善服务提供参考依据。

⑥支持对各种统计数据的 Excel 格式的导出及打印。

9. 旅游局票务信息查询系统

对景区门票、观光车票等票务信息进行分类统计，并为景区管理层提供票务报表。

10. 旅游局景点流量统计系统

对景区智慧旅游运营数据进行统计分析，包括景区票务数据、区外游客来源地、入境游客来源地、流量热度、游客互动留言及评价等。对汇聚的监测信息进行智能分析、数据挖掘，形成统计报表和趋势分析报表，为日常运行监管、应急指挥调度提供数据支撑。

11. 旅游局对讲系统

提供景区工作人员一对一或一对多形式的对讲。

12. 旅游局安保巡逻系统

可根据景区管理需要和员工任务设定巡逻路线，员工可按照指定路线和任务点进行巡逻。安保巡逻管理功能可以记录安保巡逻出勤时间、巡逻轨迹等工作完成情况。

13. 旅游局排班管理系统

对工作人员每月工作进行排班，工作人员可查看自己的排班信息，管理部门可查看所属部门员工的日程信息，系统能够对工作人员进行日程提醒，可显示工作时间人员的地理位置。

14. 旅游局精准营销系统

精准营销系统主要包括如下功能：

（1）网络整合营销功能。

（2）对接第三方网络分销平台功能。

（3）APP 和微信精准营销功能。对关注本景区的人群及朋友圈实现旅游产品、旅游信息的精准营销宣传及推广。

15. 旅游局涉旅企业日常监管

结合旅游前、旅游中、旅游后三个环节，针对旅游合同、运行计划、团队质量、导游等核心旅游要素进行涉旅企业日常监管。建设大数据中心，实现旅游团队、涉旅政府部门和企事业单位相关信息的交换与共享，如图 3-2 所示：

16. 游客流量统计系统

景区客流统计与预警系统通过 WEB 形式展现给用户。流量统计分析系统主要供旅游局或各景区管理员使用，管理员能够实时查看景区游客统计数据、游客来源地分析数据、滞留时间统计数据、预警短信记录等。

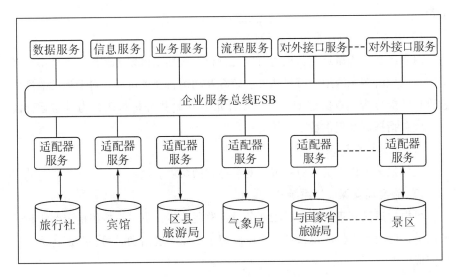

图 3-2　涉旅企业日常监管

17. 全景游客监控

对景区游客舒适度统计进行监控，在地图上直观展示各个景区内的当前实时客流人数，并可以通过点击景区定位点查看景区实时人数以及景区所能承载的最大人数。

18. 预警短信

管理人员可通过系统设置对园区内人员进行短信预警提醒，可以设置短信触发机制，默认情况下系统提供缺省短信预警内容。

19. 客流量类型统计

通过对常住用户进行统计分析，帮助景区管理人员更好地进行管理决策。路过用户的特点是停留时间很短，因此可通过设置景区本身的最短游览时间来判断，或采用管理员设置的最短游览时间来判断。

20. 游客来源统计

国内游客按地市统计，通过信号基站定位，接收游客手机信号、锁定游客、分析游客手机号归属地，获知游客来源。

21. 客流月报

分析旅游地游客整体情况以及来自外地的游客的客流情况，包括客流总数、主要客源地、游客平均滞留时间等参数。

22. 客流统计

可以实时查看旅游地已纳入统计景区的游客接待数量。

23. 游客出入时间统计

可对景区每日进出园及在园人数进行趋势统计。

24. 游客滞留时间统计

通过对游客在景区内的停留时间进行统计，一方面可了解到游客在景区不同旅游项目游览所花费的时间，另一方面也可以为景区管理提供游客接待人数的限定的参考，防止游客数量超出景区容量的情况发生。

25. 旅游局网上舆情采集分析

通过对网站、论坛、贴吧、微博等主流新媒体渠道进行"语义搜索与内容挖掘"，及时发现与其相关的舆情信息，对负面信息、重大舆情及时进行预警、处置。

26. 旅游局移动终端与现场采集分析

旅游质监执法人员可现场采集有关信息并回传至应急指挥平台，同时接受处理指令。

27. 旅游局视频监控显示系统

根据景区实际情况，景区应急指挥系统主要依靠景区现场集成视频（含手机 APP）、"SOS 一键呼救"与传统应急处置相结合的方法，了解、收集旅游突发事件的发生、过程、状况，通盘掌控应急处置情况，实现协同指挥、有序调度和有效监督，以提高应急效率。

28. 旅游局基于 GPS 定位可视化应急指挥系统

在建成旅游大数据中心的基础上，建设旅游局基于 GPS 定位的可视化应急指挥系统，该系统主要包含如下功能：

（1）在电子地图上显示工作人员分布位置。

（2）在电子地图上调用远程视频监控器来显示现场实况。

（3）在电子地图上接通指挥平台与现场人员移动终端电话，通过语音通话下达工作任务。

（4）基于电子地图召开多人电话会议。

（5）设置具有若干座席的景区旅游服务热线。

3.3.2 面向旅行社的智慧旅游监管平台

旅行社作为乡村旅游重要的中介团体，是连接政府、景区、游客、农民的主要载体。乡村智慧旅游旅行社管理平台的主要内容及其技术参数如下：

1. 旅行社注册系统

导游证信息由管理员后台导入，导游申请注册需填写个人信息：导游证号、电话、生活照、工作时间（系统统一设计版式、非文字信息），QQ号、邮箱、备用电话、微信号、个人评价、接团地点、擅长路线等为导游个人补充信息，但必须补充完整，才可以由旅行社打印行程单。

旅行社信息包括旅行社全称（统一简称）、经营许可证号、组织机构代码证号、税号、办公电话、传真、法人姓名、证件号码、专办员姓名、专办员性别、常用计调人员姓名、电话、备用电话、QQ号、企业邮箱、企业简介。

游客凭个人注册信息登录本系统，基本注册信息为手机号、邮箱等，扩展信息包括姓名、身份证号、出生年月、籍贯、学历、毕业时间等。

2. 旅行社导游预约系统

系统根据热度和更新时间自动展示相关导游的信息，展示的信息为姓名、生活照、导游证号、擅长路线、接团地点。点击个人信息后可展示个人评价、旅行社评价、游客评价（输入团号，自动展示行程单）、QQ号、目前带团状态（空闲中或带团中）、本年度带团天数等全部信息。

旅行社专员或游客登录系统后，可检索出所有符合条件的导游（显示这部分导游所有可以对外公开的信息）。

导游在本人登录界面上可接受预约。有多个预约且时间冲突的只能接受其中一个预约，有多个预约但时间不冲突的可以接受多个。导游点击确认后，旅行社界面可以看到是否为导游购买保险的选择。如果选择是，预约生效；如果选择否，预约无效。如果再次预约，需全部重新填写预约单。预约合同生效后，可以实现在线浏览、打印功能。

预约合同一旦生效，即视为临时聘用合同生效，双方需遵守合同及相关法律法规。旅行社需保护劳动者权益，特殊事项提前说明；导游需遵守旅行社商业秘密和旅行社相关规定，尽到各项法定义务，注意个人信息安全。每个预约合同都进行编号，即为团号。

预约合同若需要修改，旅行社人员应首先发起修改，导游本人确认，否则修改无效，该修改会同时在导游信息提醒和旅行社信息提醒里面提示。若需取消，导游或者旅行社都可以发起，对方必须确认；否则发起方视为违约，违约信息进入评价统计系统。

旅行社可以根据姓名、导游证号、性别、年龄、擅长线路、评价等检索合适的导游，发布带团信息，前台展示带团信息滚动展示板块。点击内容显示单位名称、招聘导游带团天数、内容、人数、待遇、联系人、联系电话、联系邮箱、信用评价等。本次带团信息时间过期后，将自动在前台删除。

旅行社自助联系导游，双方在系统中确认。旅行社根据联系方式与导游取得联系，双方协商一致后，旅行社确认，并登记旅行行程。旅游行程的设计有固定的格式。

游客预约成功后，可以对订单进行在线支付，可以使用网银支付、支付宝支付和财务通支付。游客在行程结束确认后同意支付款项，视为本次旅游行程活动结束。

3. 旅行社全文搜索系统

为了对大数据量的结构化文本数据进行模糊匹配查找，系统要能够进行全文搜索，不仅提供词汇层面的查询支持，还可以根据语言环境、不同语言的特点对不同语义级的大容量的数据进行模糊匹配检索，如用户评价、导游信息等。

为保证系统的查询速度，必须设计全文检索子系统以支持文本、数据库、大数据量结构化文本数据等不同格式的数据查询。

搜索的内容包括旅行社信息、导游信息、公告、社会信息等。

对所有可输入文本进行文本合法性检查，避免出现违禁词。

4. 旅行社个人中心系统

旅行社、导游、游客凭个人注册信息登录本系统，可查看全部前台展示信息，对和自己相关的订单进行评价打分，评价信息由管理员审核后才能显示在导游员个人信息界面。该系统具体功能为：

（1）基本资料：个人基本资料管理，分享账户的管理。

（2）账户安全：个人邮箱、手机、QQ 号的认证和密码修改等，密码的保存采用散列加密存储，确保密码不可逆性。

（3）收藏关注：个人收藏和关注的相关信息。

（4）订单管理：订单查询、订单确认取消等。如果是导游，还可以进行旅行社的预约订单管理。

（5）账户资产：充值资产管理，营收消费管理。

（6）我的点评：对使用的服务进行点评。

（7）咨询投诉：服务的咨询和投诉。

（8）个人积分：对个人积分消费信息的管理。

5. 旅行社评分打分系统

导游可以评价旅行社，旅行社可以评价导游，用户可以评价导游。用户提交的评价由后台审核通过后，其他用户才可以看到。对于虚假评价，后台管理员可通过导游带团时间和评价时间进行审核；对于恶意的评价，系统可以通过设置关键字自动屏蔽，也可以手动屏蔽。评价默认按照提交评价的时间进行排序展示。

导游可以给旅行社打分，旅行社可以给导游打分，用户可以给导游打分。游客给导游打分必须在行程全部结束后方可进行。打分内容为服务态度、日程安排等。

6. 旅行社积分兑换系统

积分是系统推出的一种会员奖励计划，用户在下单时可以用积分抵现，也可以兑换相应的商品。用户可以按照商品的类别、兑换积分的范围进行筛选、查询。

7. 旅行社短信推送系统

系统能够通过后台把有关信息以短信的方式推送给不同的用户群体，短信推送到达的时间为 30 秒内。

同时，系统后台统计分析模块能够对用户推送的成功率、回访率等指标进行统计分析。

8. 旅行社系统监管系统

旅行社系统监管系统监控的主要内容包括：

（1）监控 Web 服务器、数据库服务器等各硬件指标，并根据时间段、IP 地址等进行筛选统计。

（2）监控系统流量、系统并发量、吞吐量等，并根据时间段、IP 地址等进行筛选统计。

（3）监控 Web 服务器、数据库服务器等的运行情况，并根据时间段、IP 地址等进行筛选统计。

系统出现问题后能够通过短信或邮件的方式及时通知技术运维人员，提前做好系统的预防措施。

系统能够给运营人员提供系统的流量、并发性、吞吐量等数据分析报表评估系统性能，及早发现系统瓶颈，做好优化工作。

9. 旅行社统计分析系统

旅行社统计分析系统包括以下功能：

（1）自动统计每个带团导游带团天数、好评数、好评比、带团线路、哪些线路获得好评多，并生成报表。

（2）自动统计旅行社当年派团数、好评数、好评比、哪条路线多、哪条路线好评多，并生成报表。

（3）进行运营指标的统计分析，包括 UV、PV、用户的分布区域等。

（4）进行订单统计分析以及与订单相关的统计分析，如用户分析、旅游线路分析等。

（5）进行渠道分析，对推广渠道进行数据统计分析。

10. 旅行社后台管理系统

后台管理系统除了对前台的基本信息进行维护管理外，还有针对不同权限用户的不同管理操作，并通过日志记录追溯操作确保信息管理的安全性，具体为：

（1）注册用户管理：游客、导游、旅行社管理。

（2）导游管理：导游可以申请加入展示栏，对于评分较低的导游和旅行社，后台可以将其拉入黑名单，并向导游发送短信通知。

（3）服务管理：对导游发布的服务进行统一管理，可以根据地点、导游性别、旅游线路等条件进行查询统计，对每个服务信息进行维护管理。

（4）旅行社管理：对旅行社的信息进行统一管理，根据地点、旅游线路等条件进行查询统计，对旅行社信息进行维护管理。

（5）预约信息管理：对旅行社和导游形成的预约合同进行管理，可以根据时间、旅行社、导游等条件进行查询统计，对预约信息进行维护管理。

（6）评价管理：对旅行社、导游、游客之间的评价进行管理，根据时间、旅行社、导游等条件进行查询统计，对评价信息进行维护管理。

（7）社会信息管理：对景点、酒店、商圈等信息的管理，根据地点、类别等条件进行查询统计，对社会信息进行维护管理。

（8）订单管理：制定订单的命名规则和信息的维护管理规则，根据时间、导游、订单状态等条件进行查询统计，对订单信息进行维护管理。

（9）财务管理：充值管理、结算管理、退款管理、账户余额管理等。

（10）反馈管理：对用户反馈信息进行管理，根据时间、反馈状态等条件进行查询统计，对反馈信息进行维护管理。

（11）营销管理：对使用 WAP、WEB 首页轮播内容的数据进行增、删、改、查操作。

（12）热点管理：对首页的热点导游、景点等信息进行管理，根据时间、类型等条件进行查询统计、排序，对信息进行维护管理。

（13）公告管理：对系统发布的公告进行管理，根据时间、发布人、状态等条件进行查询统计，对公告信息进行维护管理。

（14）积分管理：对积分规则的制定、积分明细、积分兑换商品等信息进行管理。

（15）系统管理：基于用户的操作权限管理、安全操作审计管理、日志管理。通过用户和角色管理，完成系统用户账号及用户角色的维护。通过基础参数配置，完成系统基础数据的维护和管理。

3.3.3　面向游客的智能化服务平台

只有游客获得最佳的旅游体验，才能为西部乡村带来二次旅游、增值旅游。乡村旅游游客智能服务系统基于移动互联网手机应用，是最贴近游客的工具，可为游客提供智能贴心的服务。

乡村旅游游客智能服务平台包括游客 APP 门户系统、游客微信平台、游客 360 度全景虚拟旅游、游客轨迹记录系统、游客景区内导航系统、游客停车场系统、游客定位服务系统、游客虚拟导游导播系统、游客多种语言讲解系统、游客虚拟路牌系统、游客电子围栏系统、游客手绘地图系统、游客好友组团系统、游客 SOS 一键呼救系统、游客电子商务系统等。

1. 游客 APP 门户系统

（1）景点

整个平台的基础信息以景点为核心，包括景区景点图片展示、文字介绍、语音讲解、电子地图标识服务等，涵盖景区周边服务，包括票务、交通、住宿、美食、娱乐、购物等。

（2）酒店

提供酒店介绍、图片、客房价格、活动信息、地址、预订电话，可实现在线预订、在线支付、在线点评等。

（3）美食

提供餐饮店介绍、特色菜介绍、图片、人均消费、折扣活动信息、地址、预约电话，可实现在线预订、在线支付、在线点评等。

（4）交通

为方便自驾游客，可实现从出发地到目的地自动导航服务功能。

（5）景区地图

以导览地图全面展示重点景区，部分特色景点可以360度全景展示，以便让游客拥有实景体验。

（6）娱乐

①提供娱乐服务介绍、图片展示、折扣活动信息、地址、预订电话，以及在线预订、在线支付、在线点评等。

②提供便民信息，包括提供车站、码头、咨询点、公厕、加油站、汽车修理点、银行、医院、大超市等。

③提供搜索功能，在每个栏目下均设置分类（人气、距离、评分等）排序和搜索功能，并实现全模块搜索，如在景点栏目中输入酒店名可以搜索出对应酒店信息。

（7）门票预订

与资讯网数据对接，可实现在线预订和支付、在线点评和打分。

（8）酒店预订

与资讯网数据对接，可实现在线预订和支付、在线点评和打分，评分项目细分为卫生、设施、服务、环境等。

（9）美食、特产预订

与旅游资讯网数据对接，可实现在线点评和打分，评分项目细分为口味、环境、卫生、服务等。

（10）一键微博、微信分享

可分享到新浪微博、微信以及QQ空间等。

（11）会员中心

可直接用新浪微博、QQ账号登录，实现快速注册，将邮箱作为用户名，只需设定密码即可登录。

（12）点评

支持快速点评，即用户不用输入任何文字，直接选择星级进行打分（类似淘宝网打分）和系统设定的可选文字点评。用户可以对他人点评表示赞同，从而选出真实性高的点评，淘汰虚假点评。

2. 游客微信平台

游客微信系统主要是指在游客微信扫码关注后为游客提供的一系列基于微信小程序的服务，主要包括：

（1）在旅游局（景区）移动端的微门户平台上结合全景、组图、介绍文字等进行展示。

（2）可以分栏目对城市当地旅游局进行介绍，具体可以通过 360 度全景、组图、文案等来展示。

（3）城市介绍。主要是对城市全景、公共设施等进行介绍。

（4）旅游局介绍。主要是对城市旅游信息中心的资讯、最新动态的介绍，并支持信息查询、搜索。

（5）可以分多个资讯栏目发布、管理资讯。

（6）可以在资讯二级频道中创建、编辑、删除资讯。

（7）支持对资讯栏目内容的管理，比如新增、修改、删除、审核、发布等。

（8）支持设定资讯栏目内容的基本操作、审核、发布的权限，阻止不文明语言、过激语言在网络上传播。

（9）自动化切图，确保全景大图切成相应的规则小图以便应用时快速加载。规范编目管理、信息浏览、快速搜索、系统运行维护、元数据管理维护功能。

（10）利用 360 度全景技术，摄取多张各景区的典型景点图像，使用软件进行图片拼合，模拟人站在某点环视四周及抬头、低头所见，把二维的平面图模拟成真实的三维空间，呈现给观赏者。

（11）社交互动服务系统。社交互动服务系统可以进行明信片的制作和转发、旅游照片评比、点赞达人评比等活动。

（12）虚拟旅游与智能导游系统。基于文化内涵的推送，基于地理位置，进行集文字、音频、视频、三维实景为一体的旅游文化推送和增强现实导游导览。

（13）360 度全景虚拟旅游。通过使用数码相机捕捉真实场景的图像信息，结合全景软件制作虚拟旅游，从游客角度出发，通过信息技术提升旅游体验和旅游品质，创造新的旅游文化。

（14）通过 GPS 卫星定位系统，精准感知游客所处位置。根据游客位置变化，自动播放真人语音导游词、智能播报。对游客眼前的景观、景物，采用语言、图片、（已付费接入的）全景等方式进行多方位的详细讲解。真人语音导游可实现话术、内容、节奏等多元素的标准化、统一化，在体现现代科技技术的同时也大大降低了人工成本。

（15）导游文件可以下载至本地，进行脱机浏览使用，即使在没有网络的环境下，用户也可以进行浏览。

（16）周边服务商展示平台，接入景区周边酒店、农家乐等商户，为游客提供吃、住、行、游、购、娱的一体化服务。

3. 游客360度全景虚拟旅游

（1）使用虚拟技术，采用三维立体电子环境，细致逼真、形象生动地展现旅游场景。

（2）网站和手机APP通过采集真实场景图像信息，结合360度虚拟全景，使游览者可以观看任意角度的图像，并能够放大、缩小图像等。

4. 游客轨迹记录系统

系统能记录游客进入景区后游览的路线轨迹。

5. 游客景区内导航系统

为游客提供交通路线规划并导航。

6. 游客停车场系统

为游客提供各停车场实时剩余车位信息，减少游客停车担忧。

7. 游客定位服务系统

利用GPS或北斗系统定位技术，将用户的位置信号发送到管理后台，并实现移动设备定位。

（1）显示游客当前位置和目的地路线。

（2）显示游客当前位置的经纬度、海拔及地图。

8. 游客虚拟导游导播系统

（1）利用GPS技术，自动识别景点经纬度坐标，播放景点语音、文字介绍。

（2）可观看景区的视频介绍。

9. 游客多种语言讲解系统

为游客提供中、英、日、韩四个国家语言的内容讲解服务。

10. 游客虚拟路牌系统

在地图上为游客提供路口去向注释及游览景点路线策略，以便游客掌握游览路线。

11. 游客电子围栏系统

在游客游览路线的重要路段、区域设置电子围栏，并通过手机定位坐标，只要手机超过该围栏一定距离，APP就会收到预警信息，从而实现一定距离内的安全报警提醒、实时位置精准监控等。

12. 测绘地图系统

通过人工测绘地图，以全方位、多角度的方式展示景区包括各景点、服务区、餐饮、宾馆、停车场分布等的示意图。

13. 游客好友组团系统

（1）为游客提供交通路线规划并导航。

（2）为游客提供好友组团功能，可实现团内位置分享，图片、文字、语音等交流沟通。

14. 游客 SOS 一键呼救系统

游客遇到危机情况需要求援时，可通过"应急求救"功能向景区发起求救信号。有两种求救方式：电话求救、地理位置求救。求救信息将发送到旅游综合管理系统，同时，求救信息将以手机短信形式发送到相关负责人。此外，将开发一个桌面托盘小程序，有求救信息时，将会自动以"弹窗+语音"提醒的方式，提示相关工作人员。图 3-3 为 SOS 一键呼救系统流程图。图 3-4 为发起应急求救画面。图 3-5 为求救信息发送页面。

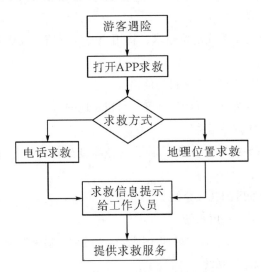

图 3-3　SOS 一键呼救系统流程图

图 3-4　发起应急求救画面

图 3-5　求救信息发送页面

15. 游客电子商务系统

（1）满足出行中的游客对旅游信息获取的需求

①提供游、购、娱、吃、住、行的分类信息检索。

②提供基于互联网内容的旅游信息分享服务。

③提供即时的特价和优惠活动。

（2）具备游客在景区内的自助导游功能

①提供形象美观的景区导游图。

②提供基于 GPS 定位的导游词自动播报服务。

（3）提供个人与好友的位置管理服务

①可在地图上查看所在位置并进行周边检索。

②提供好友管理与内容分享。

游客电子商务系统如图 3-6 所示。

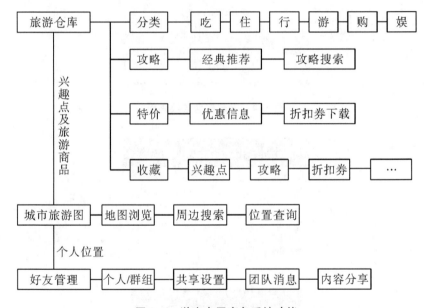

图 3-6　游客电子商务系统功能

3.4　西部乡村智慧旅游营销推广研究

3.4.1　旅游数字化营销的主要思路

从推进西部乡村旅游国际化、深化西部特定区域市场营销的角度出发，检视互联网时代在旅游市场营销的现有举措和途径，对照国际知名旅游城市，提升旅游产品和服务水平，梳理其营销发展路径、品牌构建和市场影响力，诸如具有因地制宜和国际、国内影响力的文化品牌，通过整合系统性的国际、国内营销渠道，对旅游市场营销提出发展路径，推动城市文化旅游知名度和国际美誉度的提升。主要的营销思路如下：

（1）常规营销

利用乡村智慧旅游平台，开发营销接口，利用电视广播、平面媒体、户外广告、电梯广告、召开新闻发布会议以及知名网站交换链接等常规手段进行旅游景点的推广。

（2）短信营销

在乡村智慧旅游平台开发短信系统，通过电信、移动、联通三家通信运营商对进入旅游当地手机推送欢迎短信，并植入乡村旅游大数据平台地址和手机应用下载。

（3）整合营销

开发第三方接口程序，不定期与第三方知名旅游运营平台（淘宝、携程、去哪儿、途牛等）合作进行旅游景点的宣传活动，拟开发接口软件，实现营销信息植入第三方旅游运营平台。

（4）精准营销

对关注了乡村智慧旅游平台的微信公众号或在手机上安装了 APP 的游客，定期、不定期地开展旅游景点的精准营销。

3.4.2　乡村智慧旅游营销推广手段

为更有针对性地开展旅游营销推广工作，提升西部乡村旅游营销推广效果，提高旅游知名度和影响力，吸引更多国内外游客到西部农村旅游，需要明确旅游营销推广的战略、定位、目标市场、措施、保障和预期效果等。要制定年度旅游整合营销传播的具体内容，包括但不限于如下推广手段：

①年度品牌整合推广战略、策略。

②年度营销推广 SWOT 分析。

③境内外主要竞争对手分析。

④境内外目标市场、细分市场分析及推广策略。

⑤阶段性的整合营销推广策划（按季度）。

⑥广告传播策略。

⑦公关传播策略。

⑧活动推广策略。

⑨网络互动传播推广策略。

⑩新闻事件传播推广策略。

⑪年度整合传播推广物料的创意参考示范。

⑫影视广告、平面广告、网络互动传播等示范。

⑬阶段性的媒介推广策略、媒介预算及执行效果评估。

3.5　本章小结

本书系统性地提出了"1556"乡村智慧旅游平台的建设思路，结合西部乡村地区的实际情况，设计了一个大数据中心，五个终端（APP 端、微信端、WEB 端、LED 端、触摸屏端），五个面向（面向管理、面向服务、面向宣传、面向营销、面向商务），六大子平台（政府旅游决策平台、旅游局智慧旅游管理平台、智慧景区展馆场平台、智慧旅行社管理平台、商户管理商务平台、游客智慧服务平台）。通过对建设内容的研究，为西部乡村智慧旅游的发展提供了先进、实用、完备的应用系统，以满足乡村智慧旅游的应用需求。

4　西部乡村智慧旅游大数据平台建设

4.1　西部乡村智慧旅游大数据平台建设概论

大数据产业已经成为国民经济的重要组成部分，是中国高科技发展的典型代表产业。同样，在乡村智慧旅游产业中，大数据平台也是西部乡村智慧旅游的重要组成部分。本书以此专门章节对其实现路径进行了研究。

4.1.1　大数据的相关政策

在西部乡村智慧旅游平台建设中，数据字典和信息分类编码标准的总原则是"有标贯标、多标择优、无标制定"。本系统均采用相关国家标准（GB）规定，其他编制依据如下：

《国务院关于印发"十四五"旅游业发展规划的通知》

《国务院关于加快发展旅游业的意见》

《文化和旅游规划管理办法》

《在线旅游经营服务管理暂行规定》

《国家旅游信息化建设技术规范》

《国家重点风景名胜区数字化景区建设指南》

《国务院关于积极推进"互联网+"行动的指导意见》

《国务院关于印发促进大数据发展行动纲要的通知》

《关于运用大数据加强对市场主体服务和监管的若干意见》

《旅游服务基础术语》（GB/T 16766-1997）

《旅游区（点）质量等级的划分和评定》（GB/T 17775-2003）

《信息系统安全等级保护定级指南》（GB/T 22240-2008）

4.1.2　相关术语和缩略语

本节乡村智慧旅游大数据平台涉及的术语和缩略语包括：

DSS（decision support system）：决策支持系统。

SDB（subject data base）：主题数据库，它是面向业务主题的数据库，储存如顾客数据、产品数据、人力资源数据，是一种真正意义上的数据库。

DW（data warehouse）：数据仓库。

Data Mart：数据集市。

OLAP（on-line analytical processing）：联机分析处理。

DM（data mining）：数据挖掘。

Big Data：大数据，包括结构化数据和非结构化数据，是软件系统能够采集、管理和处理的数据集合，是海量的、增量的、多样化的数据资产。

4.1.3　西部乡村智慧旅游大数据平台建设背景

大数据总是和最有优势的产业结合，以数据资源和产业资源相结合，推动产业的发展。旅游业是传播文明、交流文化、增进友谊的桥梁，体现人民的生活水平。2018 年年底，农业农村部已创建 388 个全国休闲农业和乡村旅游示范县（市），推介了 710 个中国美丽休闲乡村。2018 年，全国休闲农业和乡村旅游接待人次达 30 亿人次，营业收入达 8 000 亿元。旅游业已经成为经济发展的主要动力，是一个综合性的新兴产业，我国正迎来旅游发展的黄金期。我国的旅游人次和旅游消费都排到了世界第一，国家旅游局也下发了相关通知，要求利用互联网推动旅游产业的发展模式变革、发展方式创新，提高服务效能、提升国民经济效率。国务院办公厅《关于运用大数据加强对市场主体服务和监管的若干意见》关于 26 项大数据相关重点任务分工及进度安排明确要求，在交通旅游等领域实施大数据示范应用工程。在乡村旅游领域进行大数据建设，将进一步提升智慧旅游的水平，促进旅游良性发展。

4.1.4　西部乡村智慧旅游大数据平台建设目标

建设乡村智慧旅游大数据系统，充分运用以大数据、人工智能为代表的现代信息技术，结合先进的管理理念，建设乡村旅游大数据平台，全面融合旅游局、涉旅行业和社会化互联网数据，形成完备的旅游大数据应用及管理标准体系，彻底解决标准不一、信息孤岛问题，同时输出标准的跨组织、跨领域数据资源共享服务，提高旅游数据资源利用率。

建立乡村智慧旅游大数据分析模型，形成相关示范应用。利用大数据技术开展旅游主要指标监测预警、重大专题深度分析、关键指标预测分析，从宏观、中观、微观等不同层面洞察与分析旅游运行状态，为旅游主管部门及涉旅行业部门决策提供辅助支持，为全域旅游公共信息、市场营销、产品引导、行业监管、应急指挥等工作提供精细化的数据支持。

以乡村旅游大数据示范应用为抓手，以旅游大数据平台为基础，通过旅游大数据示范应用促进旅游大数据资源的汇聚、开发和利用，形成"平台＋数据＋应用"的旅游大数据发展模式。通过旅游大数据平台进行数据资源和数据服务共享与开放，同时引入第三方数据和服务，打造旅游大数据生态圈，带动和培育当地乡村旅游大数据服务产业。

通过资源整合和技术创新，建设国内全域旅游数据研究及应用的领先平台，借助平台研究与建设，丰富旅游体验形态，优化旅游发展要素，提升乡村旅游产业发展动能，促进乡村旅游产业转型升级。

4.1.5 西部乡村智慧旅游大数据平台建设内容

西部乡村旅游大数据建设主要内容如下：

1. 乡村旅游大数据资源体系

基于乡村旅游大数据资源体系的定义，借助优化后的大数据管理系统，开发元数据管理、可视化建模、数据资产发布等功能，构造对应的旅游大数据资源体系，包括标准规范、资源目录及数据库，并进行持续管理与维护，从而将梳理好的旅游大数据标准化信息资源体系进行永久固化。

2. 乡村旅游大数据平台

基于 Hadoop 生态体系，搭建完整的乡村旅游大数据平台，涵盖数据采集、治理、存储、计算、分析、展示全生命周期处理流程，形成系统、强大、稳定、灵活的共性基础运行支撑环境。具体包括旅游大数据交换汇集平台、旅游大数据治理平台、旅游大数据共享服务平台、旅游大数据存储计算平台、旅游大数据智能分析平台、旅游大数据分析模型库及旅游大数据可视化平台。

3. 乡村旅游大数据示范应用

通过建立各类旅游大数据统计分析和挖掘分析模型，形成各类旅游大数据示范应用，利用大数据技术开展旅游主要指标监测预警、重大专题深度分析、关键指标预测分析，从宏观、中观、微观等不同层面洞察与分析旅游运行状态，为乡村泛旅游产业发展提供技术支撑，为旅游主管部门及涉旅行业部门决策提供辅助支持。

4.1.6 西部乡村智慧旅游大数据平台建设效益

乡村智慧旅游大数据平台建设具有明显的经济效益和社会效益，分别如下：

1. 经济效益

（1）节省人力和财力

现有的旅游数据存在分散、管理不集中、采集困难等问题。在项目建设完成后，可以使各信息化系统发挥更多优良、快速的处置功能，从而更好地进行旅游宣传推广、预警发布等；同时也能更好地监督管理旅游服务质量和维护旅游市场秩序，监测全域旅游经济运行情况、统计分析等。因此，项目建成将大大节省人力和财力，提高资源利用率。

（2）提高管理水平，降低管理成本

乡村智慧旅游大数据平台的实施能够更加有力地提高乡村旅游局的信息化水平，通过建立旅游大数据应用及管理标准体系，更好地整合涉旅相关数据，实现旅游局内部系统数据的迁移共享与涉旅行业系统数据的全面采集整合；强力推进信息化建设与应用，有利于提高旅游局各信息化项目管理维护的效率与效果，提供数据决策支持及服务保障，从而降低旅游局信息化管理维护的成本。

（3）提升旅游产业经济效益

乡村智慧旅游大数据平台的实施能够提升乡村旅游供给方（景区、服务商、开发商）创新旅游产品、精准定位游客需求的能力，给旅游产业增加经济效益，进而带动乡村全域旅游产业的全面发展。同时，项目的实施将为旅游需求方（游客、企业）进一步带来优质高效的服务，从而促进乡村旅游产业收入增长。

2. 社会效益

乡村旅游大数据平台建设的社会效益主要体现如下：

（1）有利于提高旅游管理和社会服务水平

乡村旅游大数据平台的建设实施，能够为乡村旅游局等行业主管部门提供更加科学的智能化、网络化、精准化管理手段，为游客、企业提供更快捷、方便、高效的信息化服务，能够提高旅游主管部门的决策水平，提升乡村全域旅游市场管理能力，从而有利于进一步维护旅游市场良好秩序，促进社会经济和谐稳定发展。

（2）有利于促进旅游业可持续发展

乡村旅游大数据平台建成后，将大大提升旅游系统的信息化、集成化、网络化和智能化水平，通过合理的集约管理和责任分担，提高旅游相关系统的运行效率，不断提升旅游宣传推广和综合服务效能，进一步增强游客幸福感和满意度，从而有效增强乡村旅游业的可持续发展能力，增强乡村中国可持续发展能量。

（3）有利于提升乡村地区旅游国际化水平，促进服务世界级旅游目的地建设

如今我国的旅游产业正趋向国际化，向世界展示中国乡村的神奇与秀美。乡村旅游大数据平台的研究与实施，顺应了时代的发展，将充分借助以大数据、人工智能为代表的信息化创新力量，促进我国乡村建设成为服务世界的旅游目的地。

4.2　西部乡村旅游大数据需求分析

4.2.1　现状分析

1. 建设现状

截至 2020 年，一般性智慧旅游平台应用包含了部分常规旅游信息化业务及管理系统，主要包括会员管理系统、酒店管理系统、环境保护系统、营销团队管理系统、电子商务系统、票务管理系统、景区管理系统、信息发布系统、停车场管理系统、呼叫中心、门户网站、微博、微信、移动终端旅游应用平台、短信平台、Wi-Fi 增值服务系统、领导决策分析系统等。

这些系统都处于独立使用状态，彼此之间没有太多的关联与交集，广大乡村地区的旅游数据更是如此。

2. 存在问题

目前，现有系统还不能完全满足旅游服务与管理需要，存在的主要问题与

不足如下：

（1）应用系统独立建设、分别管理

由于不同景区分属不同部门管理，景区内配套的信息系统独立建设、归属不同，有些系统的建设和维护还分属不同企业，不便于统一管理，维护成本较高。

（2）应用系统信息孤岛现象严重

由于缺乏相应技术与平台的支撑，现有系统在纵向上没有与国家局、市旅发委实现数据共享，在横向上没有与相关部门实现数据交换，经常需要同时登录多个系统进行数据填报，工作烦琐、效率低、信息孤岛现象严重。

（3）缺乏数据标准，数据准确性差

由于建设时间较早，缺乏顶层规划，现有各类信息化系统没有统一数据标准，数据不唯一、准确性差问题突出。

（4）数据源不足，大多凭经验管理

受工作机制限制，现有系统数据收集渠道单一、数据量不足，且大多凭经验管理。

（5）系统应用缺乏，跟不上时代发展需要

系统应用缺乏，应用深度不够，不能完全满足旅游服务与管理需要，特别是在自驾游、散客化等新形势面前更显出不足。缺乏旅游新理念、新特色，游客体验不够理想。

4.2.2 业务分析

随着旅游业的发展，旅游产业目前已经成为我国国民经济的支柱产业之一，乡村旅游更是增长快速。在信息技术和互联网技术飞速发展的今天，数据已经成为旅游主管部门及旅游企业管理活动必不可少的要素，是政府及企业进行决策的基础。旅游信息化发展，将为政府及企业的旅游经济活动及相关产业发展带来深远影响，产生巨大效益，乡村地区的旅游发展更需要大数据赋能。

在旅游运行分析、宣传营销推广、旅游行业监管、对外交流合作、公共服务建设等方面，信息正在发挥越来越重要的作用，整个旅游产业链正在逐渐由"经验型"向"数字型"决策转变，政府需要数据进行决策支撑，企业需要数据进行经营判断，公众需要数据进行出游准备。国家旅游局办公室为此专门印发了《2016年旅游数据中心建设行动方案》通知（旅办发〔2016〕88号），要求"以前瞻性、实用性、创新性、融合性为建设方向，深化转型升级，加强资源整合和模式创新，把旅游数据中心大数据应用建设成旅游服务业的新动力、产学研的信息新高地"。旅游大数据平台建设，从国家到地方，从城市到乡村，正日益成为旅游产业信息化建设的新风口。

4.2.3 功能分析

乡村旅游大数据平台的功能需求主要包含以下四个方面：

1. 旅游运行分析

从宏观、中观、微观三个层级，从产业、景区、企业等多个维度，"点、线、面"相结合，建立乡村旅游经济运行画像，全面覆盖重点景区、重点企业、重大项目、重点产品等旅游要素，准确把握全域旅游经济运行态势，增强旅游经济运行监测预警的时效性、针对性和有效性。

2. 旅游行业监管

通过内部整合、涉旅接入、网上采集等多种方式汇聚旅游大数据，进行行业监管分析。主要对旅游企业及相关从业人员进行监督管理，特别是在旅游安全、旅游服务质量等方面，实现统计、监测、分析、预测、预警等。

3. 旅游产业规划

旅游大数据平台的建设，将使旅游产业规划方向从"经验值"转变为"数据化"。一方面，利用大数据让涉旅企业（含景区）在运营过程中充分考虑游客整体和消费过程中的所有数据，不拘于传统调查形式，以此对未来经营趋势做出分析判断；另一方面，整合多方数据，从中寻找和发现关联因素，对涉旅产业发展进行科学规划和决策。

4. 旅游营销优化

基于大数据的旅游营销优化可以广泛采集各类消费信息，并对其进行有效整合，形成一个游客消费行为数据库，并且充分利用整合信息，通过数据建模和分析形成洞察力，为旅游营销决策和相关行动提供支持。

4.2.4 数据分析

乡村智慧旅游大数据平台的建设，首先离不开数据，需要借乡村旅游大数据平台搭建的契机，实现海量旅游大数据资源汇聚。主要数据来源包括：

1. 旅游局内部系统数据

旅游局内部系统数据来自旅游管理部门的网站、微博、微信、APP、旅游业务系统（景区管理系统、票务管理系统、酒店管理系统、营销团队管理系统等）等。

2. 涉旅行业系统数据

涉旅行业系统数据反映了泛旅游产业的覆盖范围，来自相关行业业务系统。

3. 涉旅社会化互联网数据

涉旅社会化互联网数据代表了游客的消费心理、行为与习惯，来自移动运营商、互联网搜索服务提供商、互联网电商、互联网社区服务提供商、商业银行支付联盟的调查问卷和访谈等。

4.2.5 技术分析

针对项目现状与业务需求，需要基于 Hadoop 生态体系，搭建完整的乡村旅游大数据平台，涵盖数据采集、治理、存储、计算、分析、展示全生命周期处理流程，形成系统、强大、稳定、灵活的共性基础运行支撑环境，重点在于实现海量旅游大数据资源的汇聚，通过建立各类旅游大数据统计分析和挖掘分析模型，形成相应的旅游大数据示范应用，以便旅游产业链各方进行数据查询、分析、下载和决策。

4.2.6 性能分析

乡村旅游大数据平台建设需要结合广大乡村地区的实际情况，其性能需求如下：

①正常情况下系统并发访问量不低于 200 人，页面响应延迟不超过 5 秒。

②统计查询分析响应时间控制在 3 秒以内。

③实时监控及景区、线路定位等整体响应时间控制在 5 秒以内。

④对数据库具备亚秒级的数据读写性能，响应时间控制在 2 秒以内，支持至少 200 个并发连接数量。

⑤系统应具有较强的稳定性和可靠性，在长时间高并发情况下，系统仍能稳定运行。

4.2.7 接口分析

智慧乡村旅游涉及政府部门、旅行社、景区、商家等各种单位和应用场景，乡村旅游大数据平台需要具备完整、强大、灵活的接口适配能力，满足与既有信息系统之间的多样化衔接交互需求，如数据、服务、单点登录等方面的对接与整合，并根据业务需求与数据流量选择合适的接口对接方式。

4.2.8 安全分析

乡村智慧旅游大数据平台参照国家信息安全等级保护相关规定要求进行设计和实施，以实现信息系统账号的规范管理、权限的规范管理。为确保与大数据平台相关的各种信息系统安全地运行、有序地运行、稳定地运行，必须防范应用风险，制定和划分本系统使用者、审计者和维护者的权限，以及审计、管理要求和规则，建立三权分立的平台管理体系。

4.2.9 适用对象分析

乡村智慧旅游大数据平台建设将全面覆盖供给侧和需求侧应用主体，如图4-1所示。

政府　　　旅游开发商　　旅游服务商　　　景区　　　　游客
(行业管理方) (旅游供给方) (旅游供给方) (旅游供给方) (旅游需求方)

图4-1　平台应用主体

系统服务于乡村旅游管理方、乡村旅游经营方和社会公众三类群体。

1. 乡村旅游管理方

主要包括乡村旅游主管部门、涉旅行业部门、景区等。

通过旅游大数据，为旅游管理方科学规划旅游产业景点布局、实时监测旅游运行状态、有效推进行业监管、精准实施招商引资、优化配置旅游资源等提供决策依据。

2. 乡村旅游经营方

主要包括景区、旅游开发商、旅游服务商、涉旅行业部门。

通过旅游大数据，建立起完善的旅游营销信息服务平台，通过对行业趋势、旅游产品、配套服务、游客消费心理/行为/习惯等进行特征分析，以便旅游经营方采取个性化、精准化的营销策略，提升经济效益。

3. 社会公众

主要包括游客及普通市民。

通过旅游大数据，建立起完善的旅游消费信息服务平台，致力于为游客提供个性化、智能化的旅游服务，为旅游经营方提供有效的信息反馈。

4.3　西部乡村智慧旅游大数据系统建设

根据乡村旅游大数据的需求，从工程学角度拟定建设原则和建设思路。整个系统的建设分为数据源管理、系统构架设计、资源体系建设、平台设计与实现、大数据示范应用几个部分。

4.3.1　建设原则

乡村旅游大数据系统建设遵循 ISO 国际标准、CMMI 软件成熟度标准，以及各类国家信息化建设标准，并结合西部地区乡村旅游的特点。建设原则如下：

1. 系统的实用性和先进性

乡村地区的信息技术水平和城市地区尚有一定差距，该大数据平台建设的首要原则是实用性，只有实用的系统才是好的系统。坚持实用性原则，就是要保证系统设计适合现阶段及未来的信息化发展目标、系统资源配置等实际情况，使系统真正发挥促进管理变革、提高服务水平的作用。

在实用性的基础上，应适当超前，体现系统的先进性。制定一流的技术路线，采用先进的技术构架体系，使系统在较长时间内不落后，具有更好的性能指标。

2. 系统的成熟性和可靠性

可以适当借鉴城市旅游大数据的建设经验，采用成熟的技术，确保系统的稳定性和安全性，采用可靠的技术，确保系统能长久正常地运行，且能应对各种系统异常。只有成熟可靠的系统，才能放心大胆使用。

3. 系统的标准性与扩展性

乡村旅游涉及的单位更多、地域更广，平台应充分考虑标准化和可扩展设计，不仅能按标准建设，而且在新形势下也能根据实际需求情况，适度修改标准，使平台具有足够的灵活性和扩展性，从而适应业务变化和发展要求。当更先进的技术出现时，还能够轻易平滑地进行迁移，使现有投资得到充分的保护。

平台能适应各类常规的需求变更，如采集类型变更需求等，也能适应结构化数据和非结构化数据各类常规的处理要求变化。标准性和扩展性综合体现在可移植性、互操作性、独立性和集成性等方面。

4. 系统的开放性与安全性

坚持系统集成与信息共享原则，拒绝"信息孤岛"。平台及数据中心本身的建设目标就是为了打破信息孤岛，使数据融合，体现数据价值。一方面要通过数据集成实现信息共享，另一方面要依靠安全的、多样化的数据主题实现专用数据集成。

安全是系统良好运行的保障，在系统建设过程中，应采用多重安全防护措施，保证数据安全、访问安全等，如为数据资源库和主题应用数据库提供覆盖数据汇集、分类、清洗、提炼、复制全流程的严密保护。

4.3.2 建设思路

以乡村旅游大数据示范应用为抓手，以旅游大数据平台为基础，通过旅游大数据示范应用促进旅游大数据资源的汇聚、开发和利用，形成"平台 + 数据 + 应用"的乡村旅游大数据发展模式，通过乡村旅游大数据平台进行数据资源和数据服务共享与开放，同时引入第三方数据和服务，打造乡村旅游大数据生态圈，带动和培育西部乡村地区旅游大数据服务产业。具体建设思路如下：

（1）统筹规划，分步建设

乡村旅游大数据平台的建设是一个规模庞大的系统化工程，涉及的数据源、参与机构、技术系统实现等非常复杂，应用与服务体系需要统筹考虑政府和社会企业多个层面的需求。因此，系统建设应立足长远，做好顶层设计规划，并进行分步建设实施。

（2）数据资源统筹，发挥数据优势

乡村旅游大数据平台的建设以数据为本，数据是核心资源。基于旅游大数据的实现目标，厘清整体统筹规划需要哪些数据，如何获取，如何管理维护。需要精心设计实现已有系统和其他行政部门相关系统数据的采集、治理、资源目录管理，以形成高质量的数据资产，充分发挥数据资源的优势和价值。

（3）以业务为牵引，充分利用信息化建设成果

乡村旅游大数据平台的建设立足于实现旅游大数据示范应用，充分利用乡村区旅游局和既有的数据资源及信息系统，建设旅游大数据相关平台与工具，开发旅游大数据分析模型和示范应用。

（4）以多层次大数据应用创新，满足多角色共建共用需求

通过建立各类乡村旅游大数据统计分析和挖掘分析模型，形成各类旅游大数据示范应用，利用大数据技术开展旅游主要指标监测预警、重大专题深度分析、关键指标预测分析，从宏观、中观、微观等不同层面洞察与分析旅游运行状态，为乡村泛旅游产业发展提供技术支撑，为旅游主管部门及涉旅行业部门决策提供辅助支持。

4.3.3　建设内容

4.3.3.1　西部乡村旅游大数据的数据源管理

乡村旅游大数据的数据源管理主要包括数据来源、数据明细、数据规范和数据处理四个方面。

1. 数据来源

乡村旅游大数据主要来源包括：

（1）旅游局内部系统数据

旅游局内部系统数据主要包括景区数据、旅行社数据、旅游营销数据、旅游执法数据、门票数据、住宿业数据、旅游公共服务数据、旅游动态数据等，来自网站、微博、微信、APP、旅游业务系统（景区管理系统、票务管理系统、酒店管理系统、营销团队管理系统等）等，可以直接获取或通过大数据交换汇集工具获取。

（2）乡村地区涉旅行业系统数据

涉旅行业系统数据主要包括交通、公安、海关、工商、税务、人社、食药监、气象、国土、环保、卫生、农业、林业、渔业、建筑、房地产、食品等旅游支持产业数据，以及住宿、餐饮、购物、文化、娱乐、养生、体育、会展等旅游相关产业数据，来自相关行业业务系统，既可通过统一的政务信息资源交换共享平台进行实时交换、定期抽取或订阅推送，也可通过大数据交换汇集工具、实时对接、数据导入等多种方式进行采集。

（3）涉旅社会化互联网数据

涉旅社会化互联网数据体现了游客的消费心理、行为与习惯，主要包括如下：

①移动运营商数据

对接三大移动运营商，采集游客的手机号码、归属地、目的地、旅游路线等信息数据。

②互联网搜索数据

对接主流互联网搜索服务提供商（如百度、360 等），通过搜索关键词、地图定位和导航，采集游客旅游需求和游览轨迹，以及游客吃、住、行等数据。

③互联网电商数据

对接主流 OTA 平台及旅游电商平台（如携程、去哪儿、同程、艺龙、途牛、穷游、淘宝、大众点评等），采集酒店、机票、景区门票、旅行社等的相关数据。

④互联网评论数据

对接互联网主流论坛、贴吧、微博（如天涯、百度贴吧、新浪微博等），提取与乡村旅游相关的服务评分、评论、评论量等数据。

⑤银行卡消费数据

对接金融刷卡服务平台（如银联、VISA、Master 等），采集旅客的银行卡刷卡消费情况，包括区域范围、时间、银行卡类型、交易金额、交易笔数、商品品类等。

⑥调查问卷/访谈数据

针对中小范围抽样精确需求或难以了解的数据进行调查，主要包括旅游产业运行状况调查、企业家对旅游企业及产业的信心调查、学者对旅游产业的信心调查、消费者旅游信心调查、国内居民旅游意愿调查、市民出游意愿调查、游客满意度调查、涉旅企业相关财务数据调查、游客在各个涉旅行业的旅游花费调查等。

涉旅社会化互联网数据主要以购买、爬取或数据交换的方式获得，通常需对原始数据源进行脱敏脱密处理。

旅游大数据采集接入方式主要包括：

①使用政务信息资源交换共享平台进行实时交换、定期抽取或订阅推送。

②通过大数据交换汇集或爬虫工具进行采集。

③定制开发采集接口，接收外部系统数据。

④离线导出导入，进入系统；从多种渠道采集来的旅游大数据可以直接引用，或对原始数据进行加工处理生成新数据后再进行使用。

旅游大数据平台将会统一存储和处理所有类型的数据，其中包括：

①20%的结构化数据：旅游信息系统、旅游一卡通记录、旅游企业财务数据等。

②80％的非结构化数据：视频、音频、图片、文档、报表、XML、HTML等。如视频监控记录、旅游呼叫中心语音数据、车牌截图、旅游攻略、旅游统计等。

就旅游的消费主体——游客而言，旅游大数据平台将打通其出游全程数据，包括：

①行前数据：游客出行前选择行为数据，反映市场需求和用户偏好，如搜索、浏览、预订等。

②行中数据：游客出行过程中形成的数据，反映景区当前经营状况和旅游选择情况，如门票价格、酒店经营信息、手机导航轨迹等。

③行后数据：不同游客数据采集渠道有不同特点，游客出行结束后的反馈数据，反映旅游产品和服务价值，如出游评价、综合评分、满意度反馈等数据。

④游客行为采集渠道的最佳通道是旅游一卡通，通过此卡可以获取游客消费清单数据、消费轨迹数据。

⑤公众 Wi-Fi 是高性价比游客的信息采集渠道，可以获取游客的手机号码数据、微调研问卷数据、具体位置数据。

⑥旅游手机应用是高性价比游客的行为采集渠道，可以获取游客信息关注行为数据、旅行轨迹数据、满意度调研与反馈数据。

⑦旅游资讯网是采集潜在消费者信息的渠道，可以获取消费者旅游信息关注行为数据、网络营销效果评估数据、旅游信息服务使用数据。

⑧旅游呼叫中心是采集高价值游客信息的渠道，可以获取游客需求（咨询/投诉）数据、游客 CRM 维护数据、旅游新产品市场反馈数据。

2. 数据明细

利用大数据交换汇集工具，将乡村旅游管理部门现有自建信息化业务系统数据迁移到旅游大数据中心，实现集中管理和集成应用，防止出现信息孤岛，避免重复建设，同时为旅游大数据中心提供数据支撑。

旅游管理部门内部系统数据整合的典型情况如表 4-1 所示。

表 4-1　旅游局内部系统数据整合情况

序号	数据来源	整合的数据记录	数据记录数/个
1	旅游项目管理系统	在建项目、项目统计、系统用户、前期项目等	4

表4-1(续)

序号	数据来源	整合的数据记录	数据记录数/个
2	旅游局指挥中心平台	系统用户、监测景区、监控视频、景区客流量、停车场数据、道路数据、景区售票数、监测项目、预警事件、应急队伍、应急物资、应急设备、指挥事件、调度数据、信息报告、综合研判、预案管理数据等	17
3	旅游政务网	系统用户、新闻播报、工作动态、文件公告、项目公告、区县要情、旅行社、导游员、宾馆饭店、旅游景区、旅游统计、标准化建设、项目动态、会展活动、旅游商品、旅游节庆、政策法规、在线咨询、在线投诉、网上调查、教育培训等	21
4	移动终端旅游应用平台	热门景点、旅游攻略、景区游记、休闲娱乐、旅游查询、酒店、交通、美食等	8
5	旅游局住宿业管理平台	旅店基本信息管理、旅馆工作人员信息、客户住店信息、人员档案、旅行团住店优惠、机构管理、入住管理、旅馆设施信息、价格管理、旅馆餐饮信息、黑名单、视频监控接入、数据统计分析、安全预警管理、综合信息查询等	15
6	"平安旅游"监测防控系统	资料管理、实时监测、监测评价、监测管理、应急预案、智能分类、智能采集、智能检索、统计分析、数据共享、分级管理、安全机构、事故上报、规章制度、安全培训、安全考核、信息中心、检查记录、合同管理、入住登记、供应商管理、旅游车管理、舆情分析、舆情展示、舆情统计等	25
7	假日旅游填报系统	基础数据、实时数据、黄金周数据、景区预警报警数据等	4
8	旅游局乡村旅游统计管理平台	用户管理、通知管理、报表录入、报表上报、报表审核、报表汇总、报表查询、报表分析等	8
9	旅游行政处罚电子化系统	投诉受理、案件分派、稽查日志、案件审批、执法数据、执法终端数据等	6
10	旅游质监执法监督网	工作动态、执法机构、政策法规、执法程序、案例分析、在线投诉、执法公告、温馨提示、宣传活动等	9
		共计:117项	

涉旅行业系统数据、涉旅社会化互联网数据参照旅游局内部系统数据进行整合。

3. 数据规范

乡村旅游大数据平台对旅游局内部系统数据来源的整合，是基于现有系统或对现有系统进行的改造。现有系统种类多样，同种类系统也存在同构、异构之分，信息整合既具有针对性，更具有复杂性，因此围绕"吃、住、行、游、购、娱"的各类信息（数据）整合后要达到的目标（统一的数据规范）如下所示：

（1）基本数据元

包括行业管理方（政府）、旅游供给方（景区、开发商、服务商）、旅游需求方（旅游者）数据中的公共部分及基本信息等通用数据。

（2）餐饮数据

包括餐饮类别，餐厅名称、地理位置、营业时间、环境，菜品种类、口味等数据。

（3）住宿数据

包括住宿类别、名称、电话、地址、价格区间、交通、介绍、封面图、经度、纬度、附近资源、评论。

（4）交通数据

交通数据包括交通出行方式、旅行起始地理位置、旅行路线、停车场、沿途服务区和加油站信息等数据。

（5）景点数据

景点数据包括景点类别、景点名称、景点地理位置、景点联系方式、景点交通状况、景点景观介绍、景点周边相关资源、景点评价等数据。

（6）购物数据

购物数据包括购物商品类别、购物点名称、地理位置、联系方式、营业时间、购物点交通路线、旅游商品的相关品牌、商品价格和相关评价等数据。

（7）娱乐数据

娱乐数据包括娱乐类型、娱乐场所名称、地理位置、营业时间、联系方式、交通路线和相关评价等数据。

（8）评论数据

包括评论资源、评论内容、评论图片、评论者、评论时间等。

涉旅行业系统数据、涉旅社会化互联网数据参照旅游局内部系统数据进行规范设计。

4. 数据处理

乡村旅游大数据的数据处理全过程包括数据校验、错误处理、数据归档、数据报告、数据加载等。

（1）数据校验

数据校验能够保证最终进入旅游数据库的数据具有唯一性和准确性。

（2）错误处理

采用数据比对手段寻找异常数据，能够发现特殊数据，可以直观地展示异常数据的情况。

（3）数据归档

数据校验结束后，需要对数据设置一个归档标识，以表示该数据完成校验。

（4）数据报告

报告服务将记录数据整个处理过程，包括处理概述、处理详情及问题分析等。

（5）数据加载

数据加载是整个数据整合的最终环节，数据将在这里通过加载，为应用服务、决策分析和数据交换提供数据服务。

4.3.3.2 西部乡村旅游大数据的系统架构设计

1. 乡村智慧旅游大数据的业务架构

搭建统一的乡村旅游大数据平台，形成全面的乡村旅游与社会大数据融合能力，为政府部门、企业及公众提供不同类型的大数据应用，为乡村旅游大数据发展应用提供平台级支撑服务，业务架构如图4-2所示。

2. 乡村智慧旅游大数据的逻辑架构

乡村旅游大数据平台采用分层模块化开放式架构设计，上层对下层形成需求牵引，下层对上层形成服务支撑，上层可以直接调用下层已封装好的模块、组件或服务，协同完成相关业务功能。不同层次可以独立实现各自的功能，所有层次相互配合可以实现数据全生命周期处理与应用，平台逻辑架构设计如图4-3所示。

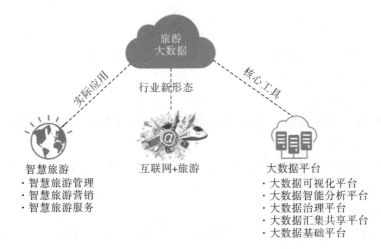

图 4-2 业务架构图

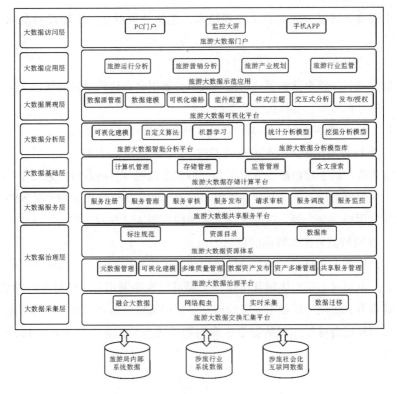

图 4-3 逻辑架构设计图

乡村旅游大数据平台主要由以下几部分组成:

(1) 乡村旅游大数据交换汇集平台

实现跨系统、跨部门、跨区域的异构数据源的融合与处理,支持结构化、半结构化与非结构化数据。

(2) 乡村旅游大数据治理平台

通过定义数据标准与执行数据质量控制策略,对采集的原始数据进行进一步梳理,提高数据的标准化程度与可用性。

(3) 旅游大数据资源体系

基于乡村旅游大数据治理平台,建立标准化、高质量的数据资源体系,形成大数据标准规范、资源目录和数据库。

(4) 乡村旅游大数据共享服务平台

以服务形式实现基于授权的数据访问与调用,满足不同部门、行业协会、企事业单位之间的信息共享与服务支撑需要。

(5) 乡村旅游大数据存储计算平台

基于 Hadoop 生态体系,对外统一提供大容量数据存储、分布式并行数据计算、平台监控管理与实时查询分析等能力支撑。

(6) 乡村旅游大数据智能分析平台

提供分布式、无须编码的可视化大数据分析与挖掘能力支撑,支持上百种分析算法、支持自定义算法融入、支持 3D 多维预览、支持任务协同,以简单高效的方式实现大数据价值发现。

(7) 乡村旅游大数据分析模型库

根据不同层次分析业务(专题分析、预测分析)的实际应用需要,建立不同类型的大数据分析模型(统计分析、挖掘分析),全面提升既有业务应用的针对性与预测性,并对实际使用过且有不错效果的模型进行入库管理,逐步形成大数据分析模型库,积累可复制利用的大数据分析算法和流程资源。

(8) 乡村旅游大数据可视化平台

将抽象、海量的数据,通过不同颜色、形状和组合的图表进行直观的展现,形象地反映数据指标、特性及其关联。同时,支持快速配置交互式 Web 数据查询展示业务系统,以便用户进行可视化决策。

(9) 乡村旅游大数据示范应用

利用大数据技术开展旅游主要指标监测预警、重大专题深度分析、关键指标预测分析,从宏观、中观、微观等不同层面洞察与分析旅游运行状态,为乡村泛旅游产业发展提供技术支撑，为旅游主管部门及涉旅行业部门决策提供辅助支持。

（10）乡村旅游大数据访问门户

提供各种渠道供用户访问，包括 PC 门户、监控大屏与手机 APP 等。

4.3.3.3　西部乡村旅游大数据的资源体系建设

基于乡村旅游大数据资源体系的定义，借助优化后的大数据管理系统，通过元数据管理、可视化建模、数据资产发布等功能，构造对应的旅游大数据资源体系，包括标准规范、资源目录及数据库，并进行持续管理与维护，从而将梳理好的乡村旅游大数据标准化信息资源体系进行永久固化。乡村旅游大数据资源体系建设包括如下内容：

1. 标准规范

通过业务规则梳理与数据梳理，构建健全的乡村旅游大数据技术框架，制定健全的相关规范体系，制定大数据系统的建设指标体系、大数据的评估体系，进一步规范大数据的数据类型、数据格式、数据交换协议，对系统进行开发、建设、使用和运行管理，保证整个系统的集成、互通和一体化。标准规范主要包括以下几个部分：

（1）基础标准

乡村旅游数据基础标准是指标准总则、标准参考模型、标准元数据等基础习惯的标准。

（2）数据管理标准

乡村旅游数据管理标准是指对数据进行采集、整理后的数据处理方式，包括数据处理的方法、数据的表示、数据的注册服务和数据的清理标准。

（3）数据分析标准

乡村旅游数据分析标准是指大数据系统的性能分析、功能分析的规范标准。

（4）数据访问标准

乡村旅游数据访问标准是指接口访问标准、接口共享标准、数据使用标准。

（5）数据质量标准

乡村旅游数据质量标准是指大数据系统的数据需要达到的指标，包括数据的生产标准、存储标准、交换标准和使用标准，是对数据的整个生命周期进行管理的标准。严格执行这些标准可为大数据的运用打下坚实的基础。

在标准规范建设过程中要坚持标准制标与贯标并重原则，滚动梳理、优化标准体系并修订相关标准内容，制定信息化应用与组件的管理标准；强化标准体系的统一管理，加强信息化建设中设计、开发、实施、验收、运维等全环节的标准管控；在建设过程中不断总结，制定新的标准规范或对既有标准规范进行完善，实现标准的持续、滚动发展。

2. 资源目录

基于实际业务需要，建设旅游大数据资源目录体系，包括资源目录、主题目录、信息共享需求目录和开放资源目录。

（1）资源目录

资源目录以数据资源为中心，对资源进行描述，包括旅游所涉及的所有信息资源，包含资源名称、资源编码、资源描述、资源提供单位、资源使用单位、资源责任单位、数据采集途径、更新周期、资源共享范围、资源共享方式、资源安全级别、涉及的数据库名称、资源产生位置、资源存储位置、资源存储方式等相关内容。

（2）主题目录

以资源目录为基础，针对乡村旅游发展过程中出现的问题和困难，从结构、成本、创新等多个维度探索推进全面的专题分析，建设旅游大数据主题信息资源目录体系，开展旅游运行分析、旅游行业监管、旅游产业规划、旅游营销优化等主题资源目录的编制工作。

（3）信息共享需求目录

信息共享需求目录既包括已用到的其他部门的信息资源，也包括将来需要其他部门提供的信息资源，包含资源需求单位名称、所需信息资源名称、简要说明、需求单位联系人、资源提供单位名称、相关业务事项名称、资源提供方式、提供信息的应用系统名称等相关内容。

（4）开放资源目录

乡村旅游开放资源目录是指依据国家法律法规和部门规定可以向社会公众开放的信息的目录，包含资源编码、资源名称、资源描述、资源责任方、资源采集途径、更新周期、开放范围、开放方式、涉及的数据库支撑等相关内容。

3. 乡村旅游数据库

按照标准规范和资源目录体系的定义，在旅游局内部系统数据的基础上，通过引入涉旅行业系统数据、涉旅社会化互联网数据，将分散在各个数据源中的数据整合到一起，并按一定的分类方法对数据进行分类和重组，使之成为条理清晰、便于按指标体系进行查询分析的整体化信息资源，由此建立不同类型的旅游基础数据库、旅游主题数据库与旅游业务数据库，最终形成内容丰富的乡村全域旅游数据库，如图 4-4 所示。

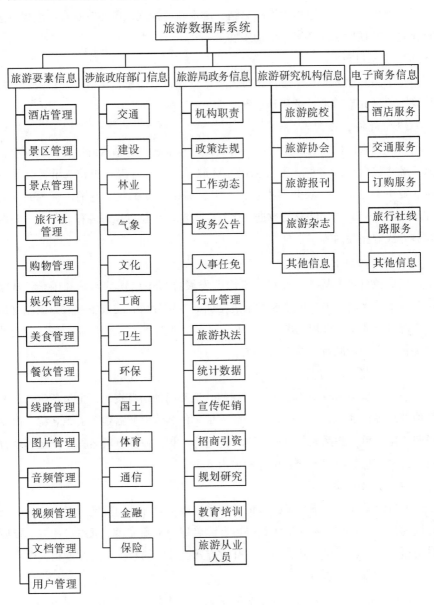

图 4-4　旅游资源数据库系统图

4.3.3.4 西部乡村旅游大数据平台的设计与实现

基于 Hadoop 生态体系，搭建完整的乡村旅游大数据平台，涵盖数据采集、治理、存储、计算、分析，展示全生命周期处理流程，形成系统、强大、稳定、灵活的共性基础运行支撑环境。具体包括旅游大数据交换汇集平台、旅游大数据治理平台、旅游大数据共享服务平台、旅游大数据存储计算平台、旅游大数据智能分析平台及旅游大数据可视化平台。

1. 乡村旅游大数据交换汇集平台

乡村旅游大数据交换汇集平台具有对数据集成处理的功能。采用 ETL（extract，transform，load）产品进行数据的抽取、加工和加载。

例如，从多个异构的数据源（不同数据库、结构化文件等）抽取数据，并加工成统一的数据格式，最后加载到数据仓库中，供商业智能（business intelligence，BI）等应用使用。

乡村旅游大数据平台提供简单易用的开发、管理工具，提供从数据集成逻辑的设计、开发、调试、部署，到运行、管理、监控各个生命周期不同阶段的集成开发工具，可以实现对数据集成流程的开发和部署。通过监控和日志功能，可以对数据集成的运行过程进行实时监视，对集成流程历史数据进行分析；提供功能级和数据集的权限管理、可定义的错误告警机制、自定义面板等；提供丰富的 Rest API 接口和方便的扩展机制，方便客户集成，并扩展自己的插件集成到平台中。

乡村旅游大数据平台提供大量的任务组件和转换组件，包括多源的数据合并、数据传输的路由、数据之间的行列转换、数据字典表查询、数据系统的定时重启、数据的循环调度、数据相关流程告警等，采用可视化拖拽式的操作，即可完成各种复杂的数据集成、调度、编码等，从而快速构建数据应用系统。平台提供了一个强大、高效的数据处理引擎，支撑各种复杂的数据转换流程、任务调度流程的高效运行。引擎采取异步并行处理的技术，实现流程中的每个组件多线程并行高效处理；支持集群部署方式，允许将转换或转换中的比较耗时的数据处理组件部署在多台服务器上并发执行，从而将转换的工作分摊到多台服务器上，提高数据处理效率。

乡村旅游大数据平台基于 Java 技术和标准数据库接口（JDBC、ODBC 等），部署在各种主流操作系统和国产操作系统上，支持与各种主流数据库、开源数据库、国产数据库的接入，支持对各种结构化/非结构化格式文件的读写，通过多种协议与其他应用系统交互。

主要功能包括如下：

（1）ETL 设计器

ETL 设计器在传统 ETL 能力基础之上补充了半结构化、非结构化的数据采集能力，解决了针对文本、音频、视频、电子邮件、网站数据的收集、转换和存储。

支持各种数据源，包括数据库、文件系统、Excel、Xml 等。支持包括 DB2、Oracle、MySQL、SQLServer 等各种主流数据库。支持 Hadoop 大数据环境的数据采集。支持通过图形化界面设计 ETL 转换过程和作业，支持后台批量运行 ETL 转换，支持转换和作业流程设计功能。

（2）任务调度

支持任务批量化采集、任务实时化采集、任务质量监控、任务调度等；能够进行较好的调度维护，维护内容包括调度期数、调度进程数、调度数据日期、调度设置、调度修改、调度异常处理、调度重现、调度恢复等各种调度操作。

任务调度支持批量采集任务、实时采集任务和质量监控任务的调度。

（3）任务监控

采集任务管理员可通过任务监控台账，查看任务采集情况概览，对单个任务进行监控，并可配置任务预警提示，生成预警通知，通过邮件/短信的方式通知相关人员。

支持可视化的多角度作业运行监控，包括总览全局的总体监控和明细型的计划监控以及事件监控。支持灵活的任务查看操作、日志查询、日志脚本执行等。

2. 乡村旅游大数据治理平台

乡村旅游大数据治理平台通过对标准、流程、策略和组织的有效处理与组合，实现数据在标准化与可用性等方面的全方位提高，使零散数据的使用具有统一标准，将混乱、不可用的数据变为井井有条并可以产生价值的数据，最终将数据作为核心资产来管理和应用，进而产生越来越多的增值效用。

平台可以建立元数据和数据字典标准，定义的颗粒度符合资源管理需要，可通过元数据生成数据库表；支持定义数据资源目录及信息分类，为后续的主题数据打好基础；可进行数据质量管理，并按照不同目录下信息类的数据项，根据业务逻辑要求，创建数据质量通用检测规则，包括结构完整性校验、内容准确性校验、时效权威性校验、格式标准性校验。

主要功能包括如下：

（1）元数据管理

元数据管理模块符合企业数据仓库环境的各类数据管理模型，用户可自定义扩展，以满足多元化的元数据需求。

模块不仅提供技术元数据，如数据建模、数据元、代码管理等，还提供业务分类、业务管理等业务元数据。丰富、灵活、规范的元数据管理为实现互联互通、信息共享、业务协同提供了必要前提。同时，为保障数据的安全性，系统还提供元数据级别的数据授权，为开放共享服务奠定了坚实的基础。

（2）质量管理

数据质量校验产品的开发与应用，旨在校验和跟踪各个业务系统数据质量问题、提供数据质量提升的有效解决方案，最终以提高业务数据质量为目标。通过项目建设，提高数据质量检查的有效性，提供多个高质量的业务系统数据。

对数据进行质量检验，发现各种系统数据的质量问题。监控数据的波动、数据规则的变化，定期分析、定期报告质量数据，系统地掌握系统的数据质量情况，结合系统的清洗组件、转换组件等，生成质量报告、质量运行报告，为各种数据系统的数据质量提升，提供高效支撑。

（3）数据的资产目录

提供多维度的数据关联，建立复杂的数据魔方地图来满足数据分析需求。具有灵活的数据表拖拽、自定义条件和显示字段数据功能，可根据不同的业务场景自定义拼装想要的数据。支持通过 3D 方式，动态展示目录资源与数据集之间的关系，快速定位资源。

（4）审核管理

严谨的、规范化的审核管理机制，进一步加强了数据的有效性、合理性和安全性。

（5）统计分析

系统提供多维度、多视角的统计分析报表、灵活的查询机制和友好的界面展示方式，为决策分析提供更便捷、更全面的实际信息。主要统计采集过程中的数据质量校验情况、开放服务情况、数据中心的数据量（支持按照时间、部门、地区、目录等维度进行统计分析）。

3. 旅游大数据共享服务平台

旅游大数据共享服务平台以信息服务技术为支撑，主要提供轻量级的服务集成、管理、调用功能。通过服务的统一管理和调度，实现基于授权的数据服务调用，提供数据、信息的共享调用，适应不同单位之间信息共享和服务支撑的需要。

平台主要包含大数据共享服务管理系统及大数据系统共享服务门户两个部分，分别如下：

（1）大数据共享服务管理系统

主要面向服务提供者和服务管理者进行服务开发、服务注册、服务发布、服务管理、请求审核等功能。

（2）大数据系统共享服务门户

对服务使用方提供使用规范、使用查询、服务请求、服务实施、服务监测等功能。

大数据共享服务平台的构架如图4-5所示：

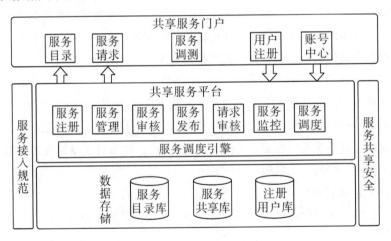

图4-5　旅游大数据共享服务平台

4. 旅游大数据存储计算平台

乡村旅游大数据存储计算平台对目前比较流行的 Hadoop、Spark 等组件进行了优化和调整，使得 SDC Hadoop 可以同时支持海量的数据批量操作、高速的数据流处理，实现了海量、实时的数据分析及数据挖掘。提供 RESTfull 数据接口，保证业务系统能极其简单地与 SDC Hadoop 集成。提供可视化开发界面、计算任务调度、快速数据集成、在线数据检索、多人协同、智能部署、资源监控等功能，为数据应用开发提供良好的行业大数据产品开发基础环境，对外提供大容量的数据存储、实时分析查询和实时流式数据处理分析功能。

其架构设计如图4-6所示。

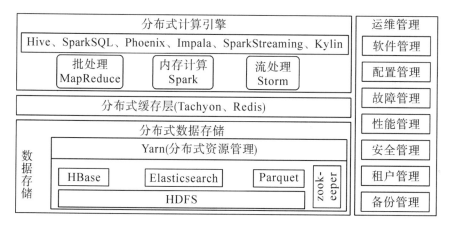

图4-6　旅游大数据存储计算平台架构设计

乡村旅游大数据存储平台涉及的相关内容主要包括：

①HDFS：分布式文件系统（hadoop distributed file system），Hadoop 系统提供高吞吐量的数据访问，适合大规模数据集方面的应用。

②Zookeeper：是具有高可用性的、分布式的、协调式的服务，解决系统的单点故障，建立高可靠性的应用程序。

③Elasticsearch：是一个分布式多用户功能的全文搜索引擎。

④Parquet：面向分析型业务的列式存储格式。

⑤Yarn：提供通用的系统资源管理模块，是资源管理中心，为各类应用程序提供资源的调度和统一管理。

⑥Tachyon：一种分布式的内存文件管理系统，可以在集群内进行高速的数据访问。

⑦Redis：提供基于内存的高性能分布式 K-V 缓存系统。

⑧MapReduce：提供分布式的数据处理方式，提供数据执行环境，提供大规模的并发数据处理功能。

⑨Spark：提供在内存中进行分布式计算的计算框架。

⑩Storm：是一种高容错率、高可用性、分布式的计算机系统。

⑪Hive：提供开源的数据仓库，建立在 Hadoop 的基础上，其操作类似于 SQL 的 Hive Query Language。

⑫HBase：提供分布式的、面向列表的、高效的存储系统。

⑬Impala：提供 SQL 语义，提供查询存储在 Hadoop 上，基于 HDFS 和 HBase 中的超过 PB 级的大数据。

⑭Spark Streaming：具有丰富的 API，不仅可以进行结合流式、交互式查询，还可以批处理程序，并进行高速内存计算。

⑮Kylin：支持在超大数据集上进行秒级别的 SQL 和 OLAP 查询。

⑯SDC Hadoop 集成开发工具：提供 Web 图形化方式操作，包括流程控制、作业调度、数据管理、数据搜索、元数据管理、文件管理等功能。

⑰运维管理（SDC console）：SDC Console 是大数据运维管理系统，为 SDC Hadoop 提供可靠安全的数据处理，以及具有容错性、易用性的集群管理功能，运维管理支持大规模集群的数据安装部署、系统监控、异常告警、用户数据管理、用户权限管理、行为审计、系统服务管理等。

5. 旅游大数据智能分析平台

旅游大数据智能分析平台是一个分布式的、无须编码的可视化大数据分析与挖掘平台。平台具有简单高效的可视化模型构建功能，用户通过可视化操作即可完成对数据的分布式分析挖掘任务。平台自动将可视化工作流转为分布式计算框架下的执行任务，并实现工作流的任务调度机制，完成对数据的分析挖掘。平台集各种数据挖掘和机器学习算法于一体，通过普适化服务层以简单高效的方式为各行业提供大数据价值发现服务支撑。平台支持流行的 Hadoop 发行版 CDH 和 HDP，支持在云端进行海量数据挖掘。主要功能包括：

（1）拖拽式可视化业务建模

平台始终追求数据挖掘过程成本的最小化，可视化的工作流能够构建界面，提供典型的建模样例和准确到位的帮助信息，通过提供数据的读入、预处理或转换、写出操作、模型性能评估、模型应用和算法算子，配以模块的使用说明、拖拽和自由的连线和布局方式，为用户提供可视化的模型训练或模型测试（应用工作流），用户无须编程，仅通过拖拽、连线的方式，加上直观的参数配置，便可以集中精力进行创造性的数据挖掘工作。

（2）可视化数据和模型预览

建模的目的就是将读取的数据通过一系列算法进行组合，最终得到模型结果。然后通过数据统计和图表分析等可视化的方式展示结果，供用户更直观地发掘数据背后的意义。

在模型逻辑建立好以后，可以将建模逻辑以工作流的形式保存在平台持久化存储系统中，并随时手动或自动运行自己或协作伙伴的工作流以观察建模效果，还可随时查看每个算法的运行状态、运行结果、运行时间和运行日志，以便用户排查运行故障。平台提供了文本、表格、直方图、ROC 曲线图、树、森林等视图，可满足建模过程中不同阶段、不同输出类型数据的预览需求。

（3）安全的业务数据访问控制

支持私有云，客户不必将数据转移至第三方分析机构。通过内建的数据访问控制机制，平台能够保证每个用户导入平台或在平台生成数据的私密性。

（4）便捷的 B/S 服务模式

平台基于 B/S 服务模式，无须具备本地客户端，便可随时随地开始、保存和继续进行数据价值发掘的工作，大大提升了数据价值发掘工作的效率。

（5）多元异构数据跨域导入

平台支持 40 多种文件类型，涵盖业界主流的结构化、半结构化与非结构化数据类型，包括关系型数据库（如 MySQL 和 Oracle）、文本数据、CSV、时间序列、音频、图片等，有效支撑了分析挖掘过程的数据需求。未来还将根据客户需求，不断完善更多的数据源和数据格式。

（6）丰富的数据预处理功能

支持丰富的数据预处理功能，方便特征工程进行。主要包括：

①数据取样：支持多种类型，包括绝对的、相对的、概率的、平均的、分层的、基于模型的等。

②数据分割：创建训练、验证以及测试数据集，用户可自定义分区。

③数据转化：支持数据归一化和标准化处理，包括 Z-转化、按比转化、四分差、数值属性/名义/类别属性之间的转化等。

④数据分箱：可基于计数、大小、频率等进行交互式分箱，使引导区熵值最小化。

⑤数据替换：替换标称、类别值，支持映射、截取、分段、混合等。

⑥权重设置与选取：支持属性选取，移除无用属性，设置权重方案并基于该方案移除不相关属性。

⑦属性生成：支持多类型属性生成，包括 ID、副本、串联、聚集、向量乘积、高斯分布等。

⑧结构化数据特征提取：依据信息增益和 PCA 等相关结构化数据特征提取算法，进行结构化数据特征提取。

⑨文本数据特征提取：提供三种文本特征提取方法，分别为 TF-IDF、

Word2Vec 及 CountVectorizer。

（7）丰富的数据挖掘算法

平台集成了上百种数据挖掘过程所需的函数或算法，涵盖特征选择和提取、分类、聚类、回归、关联规则分析、文本挖掘和深度学习算法类别，并将数据读入（Import）、预处理或转换（attribution selection/transform）、写出（export）操作、模型性能评估（performance）、模型应用操作（apply model，predicate）统一封装为算子，以保持工作流构建过程的简便和一致性。

（8）灵活的自定义算法

从乡村旅游业务落地出发，帮助客户有效地管理大数据挖掘的各个阶段，不仅为用户内置了丰富的数据挖掘算法，还为用户提供了强大的自定义算法功能及便捷的管理系统。用户可根据自身业务需求上传算法 JAR 包，并可对自定义算法进行编辑、启用、停用和删除操作，以便对算法进行管理。

6. 乡村旅游大数据可视化平台

旅游大数据可视化平台可以将抽象、海量的数据通过不同颜色、形状和组合的图表进行直观的展现，真实、丰富、立体地反映数据指标、特性及其关联，以便用户进行可视化决策。同时，通过对各类显示组件的拖拉拽、排列组合和简单设置，可以实现联动等编程逻辑，快速适应未来的业务可视化需求变化，实现立体数据、动态呈现，高性能、海量并发，灵活搭配、快速构建、快速部署，增强展示效果、降低成本和风险。

平台支持对各类型数据源（包括 Hadoop 上的海量数据以及实时和接近实时的分布式数据）进行展示，支持可视化报表构建，利用内容丰富的组件库、事件库等，快速构建分类、钻取、旋转的交叉表和图形报表，具有专业的可视化设计器 UI 具备编排功能，能够提供动态组件和 GIS 组件，支持组件的自定义；支持 OLAP、即席查询等；支持结构化、非结构化、API 接口的方式作为数据源进行数据管理；支持移动端（手机、平板电脑）数据呈现。

乡村旅游大数据可视化平台的主要功能包括：

（1）基础管理

提供系统的基础信息管理，包括地区、部门以及用户、角色、权限安全等。

（2）数据源管理

支持实时连接多种数据源，根据不同的数据源类型提供不同数据源的连接信息；支持与数据源进行交互、读取或写入，智能读取数据源中的各种实例、表、字段，并自动识别为维度、指标；支持对数据按照星型、雪花模型建模。

（3）页面编排

提供图形化拖拽式的报表编排，支持类 PPT 的排版和编排快捷操作；提供丰富的基本 WEB 组件、图表组件、地图组件；提供对组件个性化、细粒度的样式配置，可以按照需要完成图表和页面设计。

（4）主题/布局管理

支持多套平台皮肤切换，同时支持 20 套以上的页面主题管理，一键就可以改变整个页面的整体风格，大大简化了页面的美化工作；提供布局管理，预置多套布局模板，并支持将编排的页面保存为自定义布局；支持用户在编排页面时选择系统中存在的任意的布局模板。

（5）WEB 组件管理

提供 WEB 组件管理功能，对所有的 WEB 表单进行管理。

（6）图表组件管理

支持对常规图表、3D 图表、异形图表（关系网络/异形图/流光图/星空图）、地图组件的管理；提供丰富的属性设置、样式设置、数据设置。

（7）辅助图形管理

提供辅助图形库，内置多种常用图标、框图、异形图、背景图等图片，支持自定义管理辅助图形库，便于管理。

（8）事件管理

组件支持各种事件动作响应配置，事件支持联动、跳转、弹窗、关闭窗口、服务调用以及自定义等；支持组件之间、页面之间的事件联动和参数传递，实现完整的 WEB 级页面交互功能。

（9）数据填报

基于流程和调度引擎，简单快速实现上报审批、离线填报、数据校验、自动计算等功能。

（10）BI 分析

提供 BI 分析工作台，在一个页面就可以完成图表选择、数据模型选择、样式设置、数据预览、结果预览以及各种分析动作，包含聚合、下钻配置、数据过滤、维度和指标切换等，实现敏捷化 BI 分析。

（11）实时分析

实时分析引擎帮助 BI 平台性能得到十倍以上的提升。针对 TB 级、PB 级的数据量的所有分析请求，能根据不同请求对象自动进行负载均衡，保证在一秒之内返回结果。

（12）授权管理

利用基础管理系统，对已经发布的报表进行用户授权，控制哪些用户可以查看该报表，也能控制哪些系统可以引用该报表。

（13）报表管理

以缩略图的方式直观地展示发布给用户的所有报表列表，并支持即时查看所有页面。

（14）二次开发

提供二次开发接口，支持应用开发人员使用网页脚本、API 接口等进行深入的开发和控制，支持插件开发、安装，满足个性化定制。逻辑处理接口支持自定义函数、自定义交互、自定义填报、数据再处理。

（15）部署应用

生成的页面和应用系统支持无缝集成到 Java 项目中，支持独立部署和嵌入式部署两种方式。

4.3.3.5　西部乡村旅游大数据的示范应用

依托移动互联网、云计算、大数据技术，构建乡村旅游大数据综合处理体系，将示范地区的主要景区、热门景点、部分乡村旅游点、商圈和交通枢纽等纳入数据监测范围，并整合旅行社、餐饮等各种涉旅行业的基础数据，为旅游主管部门及涉旅相关行业部门提供综合服务。同时，可以为旅游产业链相关企业提供精准营销服务，实现对游客市民出行的有效指引，借助大数据，为全域旅游公共信息、市场营销、产品引导、行业监管、应急指挥等工作提供精细化的数据支持。

乡村旅游大数据示范应用主要包括旅游运行监测、旅游统计分析及旅游预测分析，如图 4-7 所示。

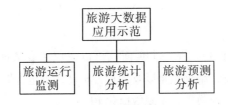

图 4-7　旅游大数据应用示范

通过建立各类旅游大数据统计分析和挖掘分析模型，形成各类旅游大数据示范应用，利用大数据技术开展旅游主要指标监测预警、重大专题深度分析、关键指标预测分析，从宏观、中观、微观等不同层面洞察与分析旅游运行状态，为乡村泛旅游产业发展提供技术支撑，为旅游主管部门及涉旅行业部门决策提供辅助支持，有效开展对标管理、产业发展、投资促进、载体建设、要素保障等重点工作，全力推进旅游产业稳增长、促投资、调结构和增效益的转型升级步伐。

为便于乡村旅游大数据应用落地与执行，相关应用按照产业链分工，分别分类进行旅游运行的分析、旅游产业的规划、旅游行业行为的监管、旅游营销的优化等，同时针对不同类别和专题，提供多维全景大屏展示与分析。

1. 旅游运行分析大数据

从宏观、中观、微观三个层级以及产业、景区、企业等多个维度，"点、线、面"相结合，建立乡村旅游经济运行画像，全面覆盖重点景区、重点企业、重大项目、重点产品等旅游要素，准确把握全域旅游经济运行态势，增强旅游经济运行监测预警的时效性、针对性和有效性。

（1）乡村旅游产业宏观管理

对旅游重点产业要素、运行指标、工程建设、旅游团队、公共信息等方面进行全面监测预警，为旅游产业宏观管理与决策提供数据支撑。

①乡村旅游产业规模、状态以及要素监测。主要对旅行社、星级酒店、旅游景点景区、旅游餐饮、旅游交通运输、休闲场所、购物中心、旅游商品集散地等的数量、类别等进行统计。对各种人员，包括游客、管理者、从业人员进行信息登记统计。

②乡村旅游运行统计信息监测。信息主要包括旅游人数、收入（在 GDP 和服务业增加值中的占比）、人均花费、国内/国际旅游客源分布、国内/国际游客花费构成、入境旅游接待/创汇信息、旅游住宿情况统计（接待设施住宿人数、入住率、入住客源、消费、停留时间）、城乡居民出游率、旅游景气指数等。每年形成住宿/餐饮/景区/度假区等核心旅游经营主体的基本信息和营业收入规模专题报告。

③在建旅游项目监测。主要对项目名称、投资额度、投资商、项目进度等项目建设动态信息进行监测。

④旅游团队组团情况监测。主要对旅游团队数量、旅客人数、客源地、游览线路、监督检查情况、审核备案情况等进行监测。

⑤旅游公共信息监测发布。主要发布旅游行业信息、政务信息、公开性公文、需公开的财务信息、督查调研信息等。

（2）旅游产业客流管理

借助旅游大数据平台，汇聚多方数据，对客流、交通情况进行实时监测预警，制定旅客流量控制预案。根据实际情况，及时对外发布客流预警和主要景区、景点实时监控视频，并按照预案对景区游客接待数量进行管控。

①景区客流监测。获取包括旅客来源、旅客停留时间、旅客数量、旅客流量、旅客消费等信息，并进行对比分析。

②黄金周旅游预报监测。与公安系统旅馆业治安管理信息系统对接，实现对旅客入境情况的实际统计，定时汇总统计全域旅游接待设施住宿人数、入住率、客源地、消费、旅客停留时间等。通过黄金周预报系统，汇总黄金周期间旅游监测点数据、旅游景区接待数据及各景区上报简报等信息。

③交通情况监测。与交通部门业务系统进行对接，接入公路车流情况、道路维修情况、拥堵情况等信息，结合历史和现状通行数据，考虑相关气象、地质条件，对未来一段时间的交通情况进行预测，以便随时根据路况进行车流管控。

④漫游用户监测。与移动运营商合作，获取进出乡村的外地漫游用户数据（与常驻乡村的白名单数据相区别），进行电子围栏设置，分区域提供，获取其漫入漫出用户数、客源地区分布、停留区域、停留时间等数据。

⑤旅游客流走势预测。测算游客人次数的传统方法主要是以景区统计信息系统的数据为基础，采用一定方法进行测算。建立旅游大数据平台后，还可综合涉旅行业部门或企业如公安、交通、通信、电商、搜索等数据，综合多因素进行测算，数据因此更加精准。

预测旅游客流的核心是对多元渠道数据的整合，主要包括：

①景区客流统计数据：主要来源于票务管理系统、客流统计系统等。

②涉旅行业部门数据：主要来源于交通部门（铁路、公路长途客运站、机场等）以及公安部门的住宿预订信息等。

③互联网外部数据：主要来源于景区电商、在线旅行商（OTA）、旅行社的预订信息，以及百度、360、谷歌等关于乡村旅游信息的检索数据等的分析。

有了上述数据，还需要进行"数据清洗"。据行业统计，大数据中的负样本数量能达到总样本数量的90%左右。通过一系列的分析和筛选，最终将保留10%左右的样本进行后续挖掘分析。通过对大数据进行协同过滤计算、关联规则计算、趋势模型计算等，同时引入时间、场景、地域等因子，就能大致掌握未来几小时或几天的客流预测数据。

对于已建成运营的旅游景区、景点，可根据历年客流量数据，综合采用回归分析法、时间序列法等挖掘分析方法，对未来客流量进行预测。方法如下：

①趋势移动平均法（二次移动平均法）：是一种简单的预测算法，是将乡村旅游接待人次按照发展趋势进行平均。

②加权移动平均法：给不同的数值以不同的权值，按照不同的权值计算得出移动的平均值，以得到的平均值进行预测。

③指数平滑法：是加权移动平均法的一种特殊形式，是加权移动平均法的发展。

④季节指数预测法：在我国绝大部分旅游景点，景点的游客流量受季节变化的影响很大，因而旅游客流要尽量按季节规律进行预测。

信息技术日新月异，旅游信息的传输、传播不再受到各种时间和空间的限制，旅游管理者、旅游经营者、旅游企业都能通过互联网进行旅游信息的发布、检索和获取。互联网成为最主要的旅游信息获取来源。比如，百度公司的百度指数解析功能，就可以比较轻易地在较短时间内获取指定时间范围内，某个关键词的关注度、趋势和检索数量。这些数据可以间接或直接地反映游客特定时间范围的行为、某个时间的热点、游客兴趣及发展趋势等。

旅游客流预测模型可以结合 ARMA 以及百度关键词解释变量建立自回归分布滞后模型，可以大幅提高 ARMA 模型精度，增强预测的时效性。模型根据网络检索的时效性，找出游客对于旅游的关注度与实际需求未来趋势之间的相互关系，引导旅游管理部门根据数据做出科学合理的安排和理性的决策，从而促进旅游的可持续发展。

基于旅游客流预测模型，可以得到未来几小时或几天的客流预测数据，掌握大致的客流走势及规律，对客流进行实时监测与趋势预测，提供阈值报警等服务，帮助旅游主管部门和景区全面精准把控客流量现状及发展趋势，为客流控制、游客分流、景区舒适度指数发布等提供依据。

（3）旅游产业预报管理

为让游客游得安心、放心、舒心，有必要利用旅游大数据平台，针对旅游相关气象、地质灾害、环保信息进行预报预警。

①旅游气象信息、地质灾害信息的预警和预报。大数据系统与气象部门、土地管理部门进行数据对接，获取景区的气象数据、地址数据、灾害数据，向游客实时播报。

②旅游环保信息预报。获取环保数据信息，展示乡村旅游景区的空气、湿

度、含氧量等实时监测数据，为游客提供环保数据服务。

（4）乡村旅游产业增加值测算

乡村旅游产业增加值测算需基于以下数据：

①统计局公布的 GDP、三次产业增加值、第三产业各行业增加值数据（含涉旅行业各大类增加值、各行业企业增加值率）。

②旅游局公布的旅游总人数、旅游总收入等相关旅游数据。

③涉旅企业（主要是第三产业）财务数据（含涉旅收入占收入比例）。

④国内游客和入境游客在各个涉旅行业（主要是第三产业）的旅游消费数据（总额及不同种类占比，种类包括餐饮、住宿、旅游、市内交通、购物、娱乐、通信、参观展览、文艺演出、居民服务等）。

旅游产业增加值测算模型：

①行业旅游增加值＝行业增加值×行业旅游消费比例；或行业旅游增加值＝游客消费金额×行业增加率。

②乡村旅游业资本形成额＝旅游产业固定资产投资×固定资产投资转化率。

③乡村旅游业增加值＝各行业乡村旅游增加值之和+乡村旅游业资本形成额。

基于乡村旅游产业增加值测算模型，可以计算出各季度和年度旅游业增加值的测算结果、当年度各季度增加值的变动情况、旅游业增加值主要构成、与去年同期相比的增减幅度、前 N 年旅游业增加值变动情况等。

（5）乡村旅游产业效率分析

乡村旅游产业效率分析应用在多个场景，前期主要应用于酒店行业效率分析、旅行社效率分析、交通领域效率分析，后来逐步拓展到旅游相关公司、旅游景区景点等。由于原有的旅游发展方式粗放、效率低下、浪费巨大，旅游效率分析逐渐受到更多的关注。研究者开始研究旅游效率与乡村经济发展的关系，以及旅游业发展效率的演变、效率的区域化差异、效率的提升等。此时，关于旅游效率的研究方法逐步深入，较多地采用数据包络分析法和 DEA 改进优化分析方法，将涉及旅游的若干要素分为若干个不同的阶段，对不同阶段的不同特征进行持续研究，根据科学方法利用相关要素，提高旅游效率。研究旅游投入与产出的关系，研究不同指标之间的内在关系和逻辑关系，精确地计算和预测旅游效率。还有研究者从空间的角度，利用不同的空间尺度分析旅游业的各种发展要素，以及时间空间的演化，找出驱动旅游效率发展的因子及其影响权重，提出了提高效率的方法和建议。目前，旅游效率研究大部分仍然基于传统的 DEA 方法。因此，与实际相比依然存在一定偏差。

系统在 DEA 算法的基础上，采用 Bootstrap-DEA 方法中的纠偏技术，能更加真实、更加客观、更加有效地预测乡村旅游景区的旅游效率。对各种影响因素进行动态分析、持续的监测，可为旅游产业和景区效率变化提供科学的依据和合理的指导，提供数据决策支撑。

2. 旅游行业监管大数据

通过内部整合、涉旅接入、网上采集等多种方式汇聚相关乡村旅游大数据，进行行业监管分析，主要针对旅游企业及相关从业人员的行业进行监督管理，特别是在旅游安全、乡村旅游服务质量等方面，实现统计、监测、分析、预测、预警等功能。

（1）涉旅安全预警

乡村旅游大数据平台可以实时追踪旅游交通、旅游执法、旅游消费、食品安全、安全报警等数据，对旅游过程中出现的各种威胁进行实时识别、分析、定位和报警。

（2）涉旅舆情分析

建立乡村旅游大数据平台，借助海量数据分布式并行处理和海量数据的挖掘分析能力，对乡村智慧旅游信息进行全面采集、多维度分析，对旅游管理部门、旅游景区、企业等进行舆情的实时监控、深度分析，掌握民情、民意和网民关注度，科学研判，适当引导，改善网络环境，改善自身发展条件，为提高旅游服务水平提供参考。

在涉旅舆情分析中，信息抽取的关键如下：

①文本信息抽取。由于非结构化网页具有噪音，需要先进行去噪处理，去除掉无意义的广告、链接、推荐和其他信息，然后识别网页中的标题、正文、时间、关键要素等。

②资源信息抽取。对目标网页进行爬取，抽取信息资源的主要参数、主要属性。利用模板式抽取方式，每个资源采用一个模板，将对应信息形成资源标签体系，以便在网页解析时了解用户对什么资源感兴趣，如图 4-8 所示。

③文本分析。采用基于人工智能的自然语言处理技术（NLP），通过特定的方法，不仅能基于中文词汇对爬取下来的网页内容进行良好的切分，还能运用上下文关联和机器学习发现新词，还可以针对分词匹配产生的词库数据进行频率统计。可以根据关键词生成内容摘要，存放于涉旅舆情分析相关主题库。

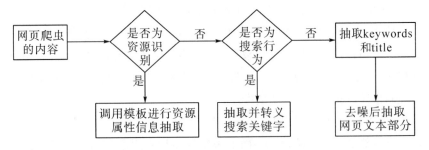

图 4-8　资源信息抽取流程图

Web2.0 技术使得每个游客既是信息的消费者，又是信息的创造者，在线旅游代理（online travel agent，OTA）飞速发展，因此网络旅游数据呈现爆炸式的增长。在海量的数据中，如何挖掘更加有用的数据信息，如何有效地展示可用信息成为迫切的需求。

主题挖掘法采用了扩展隐含的狄利克雷分布（latent Dirichlet allocation，LDA）。该方法使用潜在主题识别网络语义信息，提高了文本数据挖掘的效果。比如，地点这一主题模型用于挖掘目的地的主题分布信息，以文本标签形式生成目的地概述。旅游目的地的景点构成、具体的地理位置、主题信息关联关系对于地点的粒度划分太大，没有考虑其他关联信息。旅游文本通常还包含时间、票务、联系方式等相关性较弱的信息，这意味着很多噪音，主题数据挖掘方法没有考虑噪音的影响并及时去除噪音。

景点—主题模型是针对乡村旅游文本噪声多、景点多且展示不直观的问题提出的一种新型的基于概率主题的算法模型。该模型假设了在同一篇文档中涉及多个有关联的景点，然后引入"全局景点"过滤噪声语义，再利用 Gibbs 的采样算法估计最大似然函数的参数，最后获取目的地景点的主题分布。通过对景点主题特征进行聚类，评估聚类效果，从而间接评价模型训练效果，并定性分析"全局景点"对模型的作用。该模型对旅游文本的建模效果优于基准算法 TF-IDF 与隐含狄利克雷分布（LDA），且"全局景点"的引入对建模效果有明显的改善作用，既充分利用了景点间的关系，又能有效消除噪声语义。

④情感评价。基于大数据的情感评价难度较高。比如，一些网站的在线评分是否是客户的真实客观反映，需要从海量的、结构化的、非结构化的旅游评价评论中获取游客的感情特征数据来判断。然而，解决这个问题除了需要从技术角度出发，还需要从心理学角度出发，借助语言学中的在线文本分析，构建合理的乡村旅游游客感情评价分析模型。

基于情绪分类取向，界定三个旅游文本情感分析的过滤参数：旅游专属词库、语义逻辑规则和情感乘数，构建基于网络大数据的旅游目的地情感评价模型，并制定六项层层递进的游客情感分析规则。相对于传统的问卷调查法、访谈法等，该方法能更加准确地获取游客对于乡村旅游目的地的整体评价结果。

（3）游客投诉分析

建立乡村旅游大数据平台，整合投诉电话、投诉邮箱、网站留言、官方微博、官方微信、官方 APP 等内部投诉渠道信息，同时融合互联网上主流 OTA、电商、论坛、贴吧、微博等外部投诉数据，提取与乡村旅游相关的服务评分、评论、评论量等数据，借助涉旅舆情分析手段，及时发现了解游客诉求，迅速反馈，从而提高目的地旅游公共服务满意度。

为客观评价游客满意度，需要建立专门的模型进行分析。顾客满意度指数（customer satisfaction index，CSI）是常见的评价数据指标。近年来，外国研究者采用指数模型找出了旅游者对旅游产品的真实感受与期望值间的差异，通过这个数据可以度量旅游局、景区、商家的运行水平，从而分析找出改进的方法。

从游客的角度建立各种指标体系，可以为乡村旅游的管理者提供更加简单、有效的分析工具和框架，使旅游具备更强的竞争力。

（4）商户信用评估

整合乡村旅游市场经营单位日常经营、投诉纠纷、旅游执法、证照年检、舆情评价等信息，组成旅游信用评价体系，对经营单位进行信用评级评星与信用结果公开动态发布，对信用情况进行各种口径统计与走势预测。同时，将信用等级与日常执法联动，对信用等级低的商户进行重点关注与检查，基于信用惩恶扬善，打造乡村旅游的"诚信森林"。

现阶段的信用评分研究，主要是将业务分析与权重模型相结合。

现阶段主要使用的算法有层次分析法（AHP）、熵权法、模糊数学评价法等权重模型。后期，在信用评分相对成熟阶段，考虑使用机器学习算法，实现企业信用评分、信用等级预测。常用机器学习算法有：逻辑回归、决策树、支持向量机（SVM）、神经网络等。

构建信用评分指标体系需要本着科学性、系统优化性、通用可比性、实用性和目标导向性原则，设计信用评分指标体系，主要注重以下方面：

①突出违法、违规等对经营单位信用有负面影响的指标。

②突出荣誉、奖励等对经营单位信用有正面影响的指标。

③结合行业专家建议，突出评价重点。

（5）综合执法优化

建立乡村旅游大数据平台，抽取行政执法主体信息、行政执法办案信息和行政执法监督信息等，与旅游大数据进行整合，形成综合性行政执法大数据。数据整合后，旅游行业管理人员可以进行更为全面的旅游执法信息现场查询，包括查询导游、旅行社、旅游星级饭店、旅游景点（包括农家乐）、旅游车辆、旅游局、监管监察、各单位联系人、政策法规等相关信息，实现旅游行业数据统计，满足旅游主管部门随时掌握旅游系统信息的需求，有利于提升旅游管理智能化水平和旅游管理人员的工作效率。

建立乡村旅游大数据平台后，还可以对综合执法进行相关优化与拓展。通过将信用等级与日常执法联动，有效提升执法效率与效果，提高商户的守法遵从度。通过对行政处罚案件分布、违法案件频次、处罚执行情况等信息进行大数据建模分析，可以发现特定范围违法案件的密度和类型，从而精准地分析出特定地域和特定领域行政执法存在的问题和发展趋势。这样不仅可以为科学立法提供数据支撑，而且有利于确定解决问题的办法，优化特定执法领域与要素配置，达到违法可控和违法预防的目的。如：通过对涉旅企业安全隐患整改情况进行统计，用大数据方法分析出特定辖区范围内企业存在的安全隐患问题的共性、类型以及发展走势，为研判安全形势、采取应对措施提供决策依据。在此基础上，可以将执法热力计算模型和 GIS 进行叠加，生成安全隐患整改行政处罚案件分布热力图，清晰地呈现案件集中地区的案件分布情况。

3. 乡村旅游产业规划大数据

乡村旅游大数据平台的建设，将使旅游产业规划方向从"经验值"转变为"数据化"。一方面，利用大数据，涉旅企业（含景区）可以在运营过程中充分考量游客整体和消费过程中的所有数据，不拘泥于传统调查形式，对未来经营趋势做出分析判断；另一方面，整合多方数据，可以从中寻找和发现关联因素，对涉旅产业发展进行科学规划与决策。

（1）旅游经济景气预测大数据

旅游经济景气指数涵盖了市场基本面、产业基本面、发展环境基本面和信心判断等多个方面。在测算体系方面，设置"一致指标""先行指标""滞后指标"与"预警指标"四类，如图4-9所示。

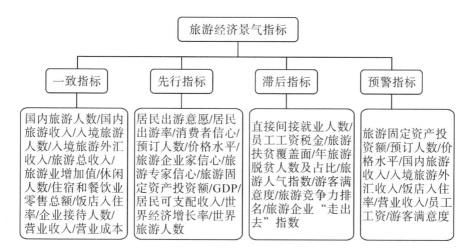

图 4-9　旅游经济景气指标

数据来源为常规旅游统计数据、旅游大数据（含现有旅游信息系统数据、各部门数据、互联网数据等）、旅游产业数据三个部分的截面数据以及部分调查数据，包括但不限于：

①旅游产业运行状况调查。

②企业家对旅游企业及产业的信心调查。

③学者对旅游产业的信心调查。

④消费者旅游信心调查。

⑤国内居民旅游意愿调查。

⑥市民出游意愿调查。

⑦游客满意度调查。

关于景气指数的分析方法，分别有扩散指数方法（DI）、合成指数方法（CI）。前者可以分析、预测经济的波动拐点，但不能说明经济波动的幅度。因此，本系统采用了合成指数的方法。

所采用的指数分析模型包括：

①线性回归模型。该模型是描述变量之间线性依存关系的定量的统计方法。对一批样本进行估值来估计这种线性关系，依据最小二乘法，建立回归方程，可对旅游相关产业基准指标进行分布判断，对旅游相关产业进行景气研究与分析，可得出相关值的正态分布图。

②时间序列模型。根据系统观测得到的时间序列数据，通过曲线拟合和参数估计来建立数学模型。一般采用非线性最小二乘法、曲线拟合和参数估计方

法，可用于事件预测分析等方面。

采用 ARMA 模型，可以拟合时间序列，从而预测时间的未来序列值。

一般该时间未来序列值的分析结果可以用于相关的管理部门。在时间序列的模型中写入对应的变量，使数据处于可控范围，可根据不同的情况采取不同的变更措施。

在建模之前，拟采用主成分分析法将关系错综复杂的变量综合为数量较少的几个相互独立的变量，再利用新生成的变量对研究对象的特征和趋势进行分析。

通过景气预测分析，可以计算出旅游景气指数及各类分指数（景气发展、景气预警、企业景气指数等），呈现出一定时期（季度、年度等）的景气变化情况，从而勾勒出旅游主要要素市场的景气指数走势图。

典型的乡村旅游市场景气指数趋势图如图 4-10 所示。

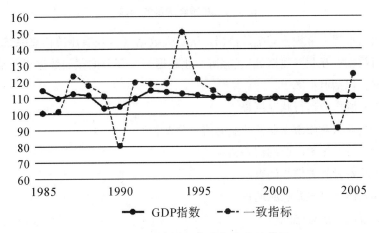

图 4-10　乡村旅游市场景气指数趋势图

旅行社产业景气指数波动示意图如图 4-11 所示。

旅行社景气指数示意图如图 4-12 所示。

（2）乡村旅游拉动作用研究大数据

乡村旅游业综合性强、关联度高、拉动作用显著，有必要对乡村旅游产业对经济社会发展新常态的拉动作用进行研究。

主要数据来源包括但不限于：

①通过国内、外游客问卷调查获取到的游客旅游花费数据。

②与测度年度最近的相关产业投入产出表。

③季度/年度旅游业总收入、增加值数据。

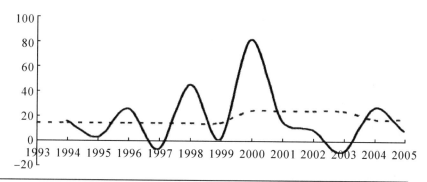

旅行社产业景气指数波动率(%) - - - - 旅行社产业景气指数波动线

图4-11 旅行社产业景气指数波动示意图

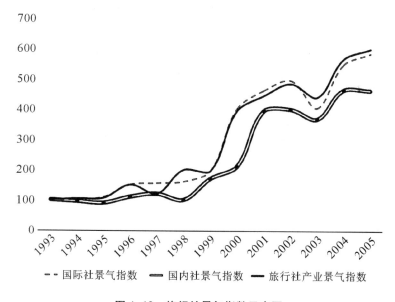

- - 国际社景气指数 —— 国内社景气指数 —— 旅行社产业景气指数

图4-12 旅行社景气指数示意图

④季度/年度涉旅主要行业增加值、投资额、就业人数（包括租赁和商务服务业；交通、运输仓储和邮政业；住宿餐饮业；文化、体育和娱乐业；批发零售业；其他行业）。

⑤国内主要同类型知名旅游目的地对应时期的 GDP、乡村旅游总收入等数据。

测算体系包括：

①乡村旅游业对经济增长贡献度（旅游业增加值、旅游总收入等）。

②乡村旅游投资拉动测度（各行业的投资额、行业增加值率）。

③乡村旅游税收拉动测度（各行业的税收额、税种与税率）。

④乡村旅游就业拉动测度（各行业的就业人口数、主要涉旅行业类别）。

在测算模型方面，乡村旅游对经济发展的拉动作用模型选取旅游业依存度、贡献率和拉动率三个指标。从时间和空间两个维度，测度当地乡村旅游业对经济增长的贡献。其中，时间维度体现为近15年贡献的纵向比较，空间维度体现为在国内主要同类型知名旅游目的地之间的横向比较。

选取地区GDP、乡村旅游业总收入等指标建立乡村旅游业对经济增长的贡献率模型，进行旅游业对经济发展贡献度的分析；采用结构系数推算法测算旅游业带动各行业投资及总投资额的情况，采用分类测算法测算旅游业带动各行业分类税收及总税收额的情况，运用产业增加值、抽样调查等数据测算旅游业带动各行业就业及总就业情况。

通过乡村旅游拉动作用研究，可以计算出季度/年度旅游业对投资、税收、就业的拉动作用及其占第三产业投资、税收、就业的比重，与上年相比的增减幅度，前N年旅游投资、税收、就业的变动情况等。

（3）涉旅产业规划决策大数据

平台将对涉旅产业社会信息进行整合，为旅游管理部门提供旅游信息资源查询、分析、辅助决策，制定产业发展规划，为涉旅企业提供信息化应用服务，为企业制定行业领域的发展规划提供依据，为社会大众提供旅游信息查询咨询服务，为游客的出游计划提供智慧化服务。

泛旅游产业集群关系如图4-13所示。

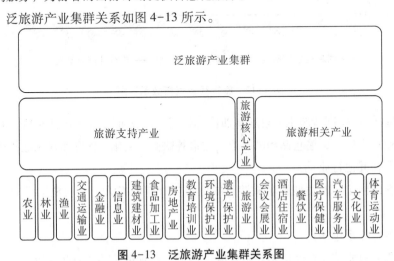

图4-13 泛旅游产业集群关系图

拟旅游产业整合发展规划的五大步骤设计如下（见图4-14）：

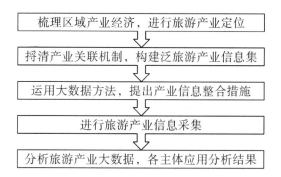

图 4-14　拟旅游产业整合发展规划流程图

　　平台可以对涉旅商户、景区配套设施、旅游产品生产、旅游交通等四类涉旅规划进行决策辅助研究。在导入涉旅商户、景区配套设施、旅游产品生产、旅游交通等涉旅规划内容相关要素字段后，采用熵权法、主成分分析法对相关指标求权重，判断指标对预测结果的重要性，并对导入数据进行统计分析，形成相关规划、决策建议文档，供旅游主管部门及涉旅相关行业部门进行分析、研判。通过对涉旅行业信息与旅游大数据平台信息进行碰撞融合和关联分析，提升乡村智慧旅游的市场化水平及服务水平，从而促进乡村旅游的健康发展、快速发展和可持续发展。

　　涉旅商户、景区配套设施规划内容包括：

　　①满足游客购物、娱乐、餐饮、观光、游览、住宿、表演等各种消费需求。

　　②做好景区的环境配套，改善景区大环境，丰富观光旅游的内容。

　　③增加游客在乡村的停留时间、提升效率水平。

　　④提升旅游体验，使乡村景区成为二次、多次旅游目的地，激发二次消费，延长相关产业链。

　　4. 旅游地竞争力分析大数据

　　当今，旅游竞争力分析已成为研究的热点。目前的研究大都集中在区域目的地竞争力的分析上，对于不同领域、不同特色的旅游产品的竞争力分析较少，尚未发现比较合适的研究方法。

　　乡村旅游竞争力体现为游客的满意度、游客重游的意愿、不断引入和推荐新客源的意愿。竞争力强有利于获得稳定的游客资源，也有利于招商引资。游客对目的地的选择，来源于评价、满意度、感情尺度等。研究游客过去的旅游感知，可以对未来的旅游行为产生影响。

之前的研究主要关注对目的地的产品定量的描述，而对更为重要的游客感知度、感情因素、旅游体验、获取却关注较少，而这些是将乡村作为旅游目的地的重要因素。

本书对乡村旅游地竞争力定量评价的研究方法进行了扩展，把结构方程均值模型有效应用于不同类型的旅游地，建立了基于社区态度的结构变量，定量和定性地测度了社区利益主体和游客之间存在的交互作用。

5. 乡村旅游线路推荐大数据

推荐乡村旅游路线，能够大大提升游客的出行体验。因为乡村地域广阔分散，通过传统的方法要找出一个最优的线路相对困难，因此，旅游路线推荐算法是较好的解决方案和手段，不仅能够大大提升用户体验，还能够为旅游公司和旅游目的地增加收益。

乡村旅游线路推荐贯穿了整个旅游过程，游前可以进行路线推荐，游中可以进行导航和定位，游后可以进行点评和评价，及时反馈信息。当前大多利用地理信息系统结合移动设备，对相关的路线进行推荐。但是，游客往往也因为天气、时间、兴趣等随时变换路线，所以可以综合利用这些因素，智能感知情况的变化，做出相应响应，给出最佳的推荐结果。

可以采用基于动态聚类的旅游线路推荐算法，对游客的旅游数据、交互数据、历史数据进行划分，在不同的阶段，使用 LDA 抽取用户的潜在兴趣主题，利用时间惩罚权值来建立游客兴趣漂移模型。这样可以更加便捷地掌握游客兴趣的变化趋势，还可以利用游客的特征向量，为游客寻找近邻合适用户，提高推荐精度。

6. 乡村旅游营销优化大数据

基于大数据的旅游营销优化可以广泛采集各类消费信息，并对其进行有效整合，形成游客消费行为数据库，并且充分利用整合信息，通过数据建模和分析形成洞察力，对旅游营销决策和相关行动提供支持。

基于大数据的旅游营销优化以与市场营销学相结合的消费者行为分析为理论基础，主要包括以消费者消费动机为研究对象的阿尔德佛 ERG 理论，以需求、动机、行为模式、消费者黑箱模式、消费者刺激—反映模式、"7O"分析模式为主要参考的消费者消费行为模式理论，以阐释如何改变人们的行为模式为研究对象的计划行为理论（TPB）。

基于大数据的旅游营销优化以游客消费行为为研究起点，以市场营销学中的消费行为分析为理论基础，有效整合游客在旅游过程中购买各种旅游产品所产生的数据，综合运用描述统计和推断统计方法，通过测算游客消费基本分析指标、编写游客消费偏好等延伸性分析报告，深度挖掘游客消费动机、选择偏好和具有较强适用性的旅游消费行为模式，提供真正满足政府、旅游经营企业和社会公众需求的旅游信息服务。

基于大数据的旅游营销优化所需要的游客数据包含两大部分：第一部分为游客的基本信息，第二部分为描述游客消费行为的具体信息。游客的基本信息包括游客年龄、性别、职业、受教育程度、收入和来自地区等，游客消费行为信息包含食、住、行、游、购、娱六大类消费的细分类型及各类型测算指标。如图 4-15 所示。

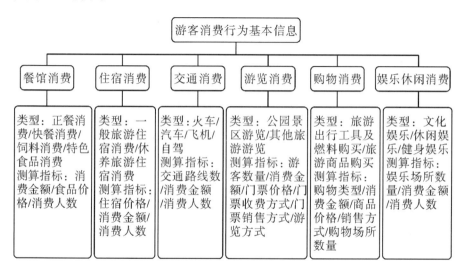

图 4-15　游客消费行为分析图

游客消费行为数据来源渠道较多，数据来源与采集方法如图 4-16 所示。

基于大数据的旅游营销优化不仅需要广泛采集各类消费信息，对其进行有效整合，形成游客消费行为数据库，而且更需要利用整合信息，通过数据建模和分析形成洞察力，为旅游营销决策和相关行动提供支持。利用游客消费行为数据库中的信息，可做以下深入分析：

（1）涉旅营销画像分析

①游客画像分析。游客画像分析主要包括游客属性分析、游客消费行为分析、游客信息交互分析、游客消费偏好分析、游客消费模式分析、游客时空分布规律分析和游客数量预测等方面。

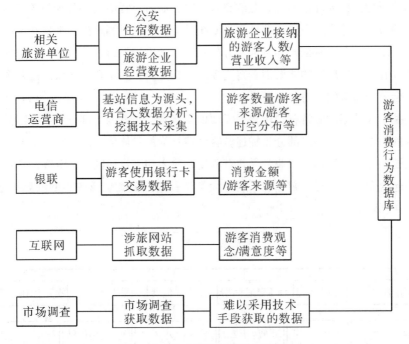

图 4-16 游客消费行为数据来源图

a. 游客属性分析

分析刻画游客来源地结构、游客性别结构、游客年龄结构等属性信息。

b. 游客消费行为分析

分析刻画游客意愿、游客抵达所采用的交通方式、游客停留时长、游客消费等旅游行为信息。

c. 游客信息交互分析

分析刻画游客在游前、游中、游后各个阶段分别与外界信息的交互数据。

d. 游客消费偏好分析

将人口统计基本信息分别与住宿、餐饮、交通、游览、购物、娱乐休闲等各大类消费类型的细分类型消费金额进行交叉分析，得到不同类型游客的消费偏好，以便旅游企业进行精准化的市场营销。

e. 游客消费模式分析

游客消费模式分析是在游客消费偏好分析的基础上形成的，将游客消费行为模式化，为不同消费模式的游客提供不同服务。

f. 游客时空分布规律分析

综合梳理电信运营商和旅游经营企业不同时点获取的景区、景点游客数量信息，以此为基础，结合景点、景区地理分布对游客时空分布规律进行分析，以便相关部门规划布局。

g. 游客数量预测

在对游客时空分布规律的研究基础上，对未来景区、景点的游客数量进行科学预测，以便提前为游客流量管理做好相关准备。

将关注乡村旅游的游客基本信息、消费行为信息与旅游局的其他相关数据进行交叉对比分析，生成游客完整的营销画像。根据游客营销画像，提供旅游全程推荐服务，包括吃、穿、住、行、游、娱、购等各个方面，从而提升游客旅游体验，增加景区与企业经济效益。

②企业画像分析。利用大数据技术对乡村旅游企业进行数据分析，利用包括企业活力数据、企业健康度数据、企业创新力数据、企业社会形象、企业人性化情况等，组成分析模型，构建企业画像。通过画像，对企业的基本信息、行为信息进行分析和展示，可以使监管者更有针对性地获取企业信息，了解相关企业，更加有力地监控企业、服务企业。

企业画像最终需要计算多个维度的分数，权重对于分数计算影响最大。目前，一般采用赋权的权重模型（如熵权法），或者采用主观赋权的评价模型（如层析分析法）对企业进行画像。这些方法的不足之处在于评价比较单一。为了获得更好的评价效果，通常需要对不同的评价结果进行检验，以得出更加可靠的评价结果。因此，平台将通过组合评价算法实现企业综合画像，将熵权法和层析分析法相结合，并结合降维、聚类方法对指标进行处理，最终实现对企业综合画像。

（2）客源地营销分析

依托旅游大数据可以对客源地进行细分，并加以分析，同时分析潜在的客户人群的特点，进而精准投放广告、精准营销。同时，调整销售模式、调整客户关系、调整行销策略，挖掘新兴的客户市场，培训和发展新的客户目标群体，推出更多具有可行性的项目，提升市场转换率，最终达到提升效益、增加收益的目的。此外，对于客源流失的因素，比如抱怨、不满等进行分析，并采取相应的对策进行改进升级，最终实现客源地的智慧旅游营销和服务。

（3）游客搜索行为分析

对接主流搜索引擎，针对乡村旅游目的地等关键词、各种海量搜索行为、各种网络传播营销方式进行动态监控、实时监控，能够更客观、全面地洞察目标人群的消费意愿、搜索行为和兴趣特征，及时发现乡村旅游目的地的搜索热度、需求热点信息、旅游行业关键词等，掌握游客群体相关特征。对行业趋势、市场需求、受众定位、效果监测、竞争分析和品牌诊断等进行持续跟踪分析，以便及时调整旅游市场营销方向、方式及相关投入。

（4）乡村旅游产品销售情况监测分析

对各种电商平台的旅游产品营销数据进行实时的监控、分析、统计，掌握商品的销售情况、评价情况，指导企业调整生产、改进产品，更好地促进商品网上销售。

（5）乡村旅游行业洞察分析

基于乡村旅游大数据平台，通过游客搜索行为分析和监测旅游产品网络销售情况，对景区营销、景区服务效果等进行验证，掌握行业的最新竞争情况。对于网络评价、关注度、趋势分析、营销效果跟踪、广告投放优化等进行分析。

7. 乡村旅游大数据其他典型应用功能

西部地区乡村旅游大数据的其他典型应用功能规划如表4-2所示。

表4-2　典型西部地区乡村旅游大数据应用功能规划

模块	子模块	模块及数据项说明
实时数据监控分析	当日景区门票销售情况	快速分析出当日各个景点的已购票数、已进人数、未进人数、团队人数、散客人数等
	当日酒店销售情况	快速分析出当日各个下属酒店的总房间数、已入住数、可用房的数量等
	当日景区车流量情况	快速查询出各个景点主要干道车流量情况
	在园人流量实时统计	快速查询出各个景点进入游客的人数，对超过规定人数的进行预警
	当日售票分时统计	快速查询出各个景点当天各个时段的售票情况
	当日游客来源地信息	快速查询出各个景点的游客来源城市的信息
	当日空气质量数据监测	快速查询出各景点空气质量参数
	当日水质量数据监测	快速查询出水质量参数
	当日停车场空位监测	快速查询出景区各大停车场的空余位置
	当日接警数据监测	快速查询出当日指挥中心接入的报警信息及分类情况

表4-2(续)

模块	子模块	模块及数据项说明
数据深度挖掘	时段景区售票情况分析	对现有的售票情况进行深度分析,实现按年、月、日、游客类型、折扣等条件的数据展现
	时段客源售票情况分析	对现有的售票和订单情况进行深度分析,实现按年、月、日、客源来向等条件的数据展现
	时段车流量情况分析	对现有的车流量进行深度分析,实现按年、月、日、客源来向等条件的数据展现
	时段酒店入住情况分析	对现有的酒店入住和预订数据进行深度分析,实现按年、月、日、房间类型等条件的数据展现
	时段呼叫中心投诉处理情况分析	对现有呼叫中心投诉处理数据进行深度分析,实现按年、月、日、统计分析投诉量、投诉范围、投诉处理情况等条件的数据展现
	时段呼叫中心来电情况分析	对呼叫中心来电数据进行深度分析,实现按年、月、日、统计分析来电省份等条件的数据展现
	时段空气质量数据分析	对空气质量数据进行深度分析,实现按年、月、日统计分析空气质量状态、空气环境变化趋势
	时段水质量数据分析	对空气质量数据进行深度分析,实现按年、月、日统计分析水质量状态、水环境变化趋势
	时段停车场空位数据分析	对停车场数据进行深度分析,实现按年、月、日统计分析停车场空闲情况,为管理提供依据
	时段接警数据分析	对指挥中心接警数据进行深度分析,实现按照年、月、日统计分析报警时段、报警地点、报警类型,为优化管理提供数据
	销售预测	预测分为两个方面,一个是准确预测,一个是模糊预测。准确预测指的是根据游客的预定订单数据,分析出未来几天或一段时间内游客的人数。模糊预测指的是对当前的销售数据进行分析。例如按年、月、日、各景区、各产品的销售情况进行分析,对未来的可能的预定情况进行评估,从而为未来景区的各种管理决策提供信息支持
	营销成果反馈、评论分析	对电子商务的销售数据进行分析,实现从商家、景点、酒店、产品、门票、游客类型、游客年龄层次、客源、时间范围、手机 APP 等全方位、多角度进行分析,了解整个景区的运作状况、收入状况、营销状况、合作对象状况等

4.4 西部乡村智慧旅游大数据指挥中心建设

指挥中心是乡村智慧旅游的大脑，采用"3+2"模式（3D+2D）进行旅游多维全景交互展示与分析，全面覆盖客流信息、收入信息、投资信息、交通信息、营销信息、舆情信息、气象信息等各类核心数据，可实现乡村全域旅游资源全面覆盖和一站式服务。

利用大数据技术开展乡村旅游主要指标监测预警、重大专题深度分析、关键指标预测分析，从宏观、中观、微观等不同层面洞察与分析旅游运行状态，可为全域旅游市场营销、产品引导、行业监管、应急指挥等工作提供精细化的数据支持，为旅游主管部门提供决策辅助支持。

深度结合行业需求，适时将3D模型与2D设计无缝融合，结合视频、动画等元素，真实还原行业场景。利用交互式分析与展示，增强数据实景体验，有利于快速获取动态变化的信息，使数据感观更为直接。

4.4.1 接口设计

西部典型的乡村智慧旅游大数据平台与各级各类应用系统的关系如图4-17所示。

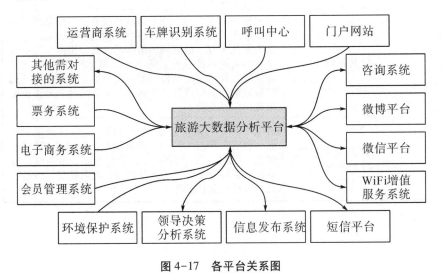

图4-17 各平台关系图

从图中可以看出，既有信息系统与本平台之间存在着多样化的衔接交互需求，如数据、服务、单点登录等方面的对接与整合。同时，为提供大数据分析能力的整体支撑，系统内部也存在复杂的对接与整合，涉及数据管理、存储、计算、挖掘、分析及展现等端到端的分析全流程。

在对接与整合设计时，需根据业务需求与数据流量选择合适的接口对接方式，包括但不限于 EJB、Web Service、交易中间件、消息中间件、SOCKET、CORBA、文件、过程调用和共享表等，进行可扩展、跨语言的服务调用，实现服务的内外部交互与门户集成。

4.4.2 安全设计

没有安全保障的乡村旅游大数据是不可信的大数据。为确保大数据平台的安全，需要从访问控制、数据安全交换、系统操作日志和安全防护体系等几个方面进行安全性设计。

（1）访问控制

对每一个不同的角色，依照最小授权原则，分配其完成任务的最小权限，并使用基于角色的访问控制机制来控制用户对信息的访问和操作。

（2）数据安全交换

在系统安全、网络安全的基础上，实现内网和外网、内网和专网间的数据安全交换。

（3）系统操作日志

系统提供日志操作功能，严格定义操作级别，对操作行为进行记录，进行日志数据分析，通过分析数据发现安全问题隐患，提前预警和防范，增强系统的安全性。系统具备日志的统计分析功能，对访问和并发量等进行统计分析，使管理员可以实时对系统进行优化和调整。

（4）安全防护体系

除了可对数据库进行联机备份外，还可提供系统的联机备份。除此之外，还应提供组合的安全方案，从安全规章制度、安全防护体系、安全管理方式手段等方面入手，保障系统安全、稳定、可靠运行。

根据风险分析结果，结合安全性设计要求，制定对应的安全技术策略，根据外网和内网的不同特征，采用不同的安全技术策略和技术措施。

①外网安全技术策略和技术措施。如表4-3所示。

表 4-3　外网安全技术策略和技术措施

	安全技术策略	技术措施
应用安全策略	加强应用系统自身的功能性	开发时对安全需求进行分析，采用安全架构设计、安全编程
	对程序的代码进行检测，查找程序漏洞	采用应用系统漏洞扫描和代码审计
	对核心应用系统进行双因子认证	采用 PKI 身份认证体系
	防止 SQL 注入和跨站攻击	采用应用过滤器，过滤非法输入
数据安全策略	防止数据丢失、错误和非法篡改	不在外网放置敏感数据，非关键业务的涉税数据在同步到外网前需要进行脱敏处理
	保障关键业务数据的传输安全	关键业务数据通过外网直接中转到内网，外网不落地存储，传输过程采用数字证书加密或 https 安全通道

②内网安全技术策略和技术措施。如表 4-4 所示。

表 4-4　内网安全技术策略和技术措施

	安全技术策略	技术措施
网络安全策略	严格控制对内网服务区的访问	采用单向物理隔离的部署方式，不允许外网区域主动访问内网区域 内网区域各个部分之间采用防火墙作为边界隔离措施，实现不同网络边界的访问控制
应用安全策略	加强应用系统自身的强壮性	开发时对安全需求进行分析，采用安全架构设计、安全编程
	对程序的代码进行检测，查找程序漏洞	采用应用系统进行漏洞扫描和代码审计
	对核心应用系统进行双因子认证	采用 PKI 身份认证体系
数据安全策略	防止数据丢失、错误和非法篡改	采用数据备份与恢复体系和相关技术
	保障关键业务数据的传输安全	采用服务器密码机对核心业务数据进行加密传输和数字签名
	保障局域网内服务器和服务器之间的数据传输安全	采用 SSH 协议进行安全传输

4.5 本章小结

未来将从 IT（信息技术）时代走向 DT（数据技术）时代，大数据的应用将更加广泛而有效。本章根据西部乡村智慧旅游发展的情况，设计和建设乡村智慧旅游大数据平台，通过平台实现乡村旅游的各种分析、预测、调控、监测。通过数据应用，提升乡村旅游目的地建设水平，提升旅游品质，实现精准服务、精准营销和精准决策。

5 西部乡村智慧旅游新媒体监测平台建设

5.1 西部乡村智慧旅游新媒体监测平台建设背景

广大西部地区的乡村旅游主要依靠网站、微信、微博、APP 等新媒体进行宣传和提供服务。要通过西部地区的乡村智慧旅游建设促进农村经济发展，助力乡村振兴，离不开网络安全，更离不开信息安全和内容安全，因此，建设专门的涉旅新媒体监测平台十分必要。

党和国家高度重视网络安全与信息化事业，坚持顶层设计、战略谋划、总体布局、创新发展的原则，网络建设和管理运用的能力和水平不断提高，我国从网络大国向网络强国迈进的步伐更加坚实。做好涉旅新媒体的监测，就能牢牢把控和掌握网上舆论工作的领导权、管理权、话语权，加强和改进网上正面宣传，加强依法管网和网上舆论引导，取得良好成效，使网络空间逐步天清气朗，使西部乡村旅游各种信息平台健康发展。

中共中央办公厅、国务院办公厅《关于全面推进政务公开工作的意见》要求，进一步推进决策、执行、管理、服务、结果公开，加强政策解读、回应社会关切、公开平台建设等工作，持续推动简政放权、放管结合、优化服务改革。建设西部乡村旅游新媒体监测平台将更加有利于宣传、推广西部旅游，更好地为旅客服务。

推进西部地区旅游网站、微信、微博和各种 APP 内容建设有关工作，可以提高涉旅网站信息发布、互动交流、便民服务的水平，全面提升各级旅游新媒体的权威性和影响力，维护西部乡村旅游的公信力。

发布内容用词不当、出错等问题，会严重影响旅游部门、景区或涉旅企业的形象。监测平台能更好地引导乡村旅游属地声音，加强属地涉旅新媒体的公信力，保证旅游网站及微博、微信、政务号文章等内容的专业性。

西部智慧旅游新媒体监测平台根据《国务院办公厅关于进一步加强政府网站管理工作的通知》（国办函〔2011〕40号）《国务院办公厅秘书局关于印发政府网站与政务新媒体体检指标、监管工作年度考核指标的通知》《国务院办公厅关于印发政府网站发展指引的通知》（国办发〔2017〕47号）《国务院办公厅关于政务新媒体健康有序发展的意见》（国办发〔2018〕123号）《国务院办公厅关于印发进一步深化"互联网+政务服务"推进政务服务"一网、一门、一次"改革实施方案的通知》（国办发〔2018〕45号）等文件精神，结合互联网监测考评要求，通过网站日常监测技术维护、新媒体监测服务，提供可靠的技术支持，巩固现有服务成果，并进一步推动乡村智慧旅游平台新媒体监测运维及政务服务质量的提升。

根据上述背景要求，西部乡村旅游新媒体监测平台的主要建设目标如下：

①及时发现突出问题，提高乡村智慧旅游平台信息公开质量。

②监测范围涵盖APP、微博、微信等主流新媒体渠道。

③为乡村智慧旅游平台提供新媒体日常运维管理工具。

④为乡村智慧旅游平台新媒体信息公开提供监测、统计、分析服务。

⑤提高乡村智慧旅游平台新媒体整体运维质量，轻松应对国家各级部门的考核。

5.2 西部乡村智慧旅游新媒体监测业务分析

乡村旅游新媒体主要包括相关的网站、微信、微博和APP等，其信息具有以下特征：

①信息种类多、信息数据量大、文本稿件数量较多、检查范围广。文章业务巡查采用人工方式，由于数量和范围过大，人工成本较高。

②内容规则复杂度高、错误种类多、信息内容细节较多，字词间易出现遗漏与误差。文本内容不规范，人工修改成本较高。

根据乡村旅游新媒体的具体业务场景分析，一个地区的旅游管理部门、涉旅企业、景区网站数量平均多于1 000家，假设每家网站平均更新信息量为5

条，则每天会产生5 000条信息。如果是人工审查，一人检查一条新闻需要2分钟，5 000条则需要10 000分钟，折合约160多个小时，显然人工审查效率极低。

根据上述特点，对于西部乡村旅游新媒体的监测要求如下：

①对问题发现、调整与改正的时效性要求高。

②对编辑的政治水平和社会常识储备要求较高。

西部乡村智慧旅游所涉及的新媒体信息错误分类主要包含以下几类：

（1）政治性差错

多指一些导向性的或与党和国家的路线、方针、政策不一致甚至相违背的错误观点和提法。如对一些关键词句处理不好，造成政治性差错。比如：将"中国"与"台港澳"并列、将一些国家与台港澳并称"等国"、将"朝鲜"写成"北朝鲜"等。

（2）事实性差错

如将"人民币"写成"美元"、将"1920年的苏联"写成"1920年的俄国"、将"湖南"写成"湖北"、将"英国外交大臣"写成"英国外相"等。值得警惕的是，有些事实性差错，易引发政治问题或者其他麻烦。

（3）技术性差错

这类错误所占的比例最大，包括题文不一、电头错、标点错，以及掉字、掉段、多字、错别字等。这些"小错误"也可能导致事实性差错甚至政治性差错。另外，还有因漏报、迟报或将未定稿乃至涉密文件当成新闻稿发表等造成的差错。在实际工作中，比较致命的差错可归纳为两个大的方面：一是新闻失实，二是政治导向失误。

西部地区涉旅政府部门、宣传部门、景区和涉旅企业在新媒体宣传方面主要存在两个问题。第一，对于游客在各种网站和新媒体上反映强烈的问题，相关部门或人员不予回复，或者回复不及时、不实用和不准确。第二，对新闻中出现违规词汇、涉政类错误不能及时发现和纠正。国家和地方相关部门对于上述两种问题都有明确的处罚手段，也有相应的考核机制。

为确保乡村旅游涉及的网站、微信、微博和APP等的内容安全，需要做好以下三个方面：

（1）互联网信息内容管理

互联网数据信息收集需保证信息的完整性、合法性、真实性和关联性。

（2）维护网络意识形态安全

配合国家网信部门统筹协调有关部门加强网络安全信息收集、分析和通报工作。

（3）及时举报网上有害信息

依照相关法律和规定查处有关违法违规行为和涉及相关行为的网站。

5.3　西部乡村智慧旅游新媒体监测系统架构

乡村旅游新媒体监测系统分为数据采集模块、数据处理模块、数据管理和存储模块、数据展现模块四个模块。该平台把在互联网上采集到的数据进行分析和管理，实现数据可视化。乡村旅游新媒体监测系统架构，如图5-1所示。

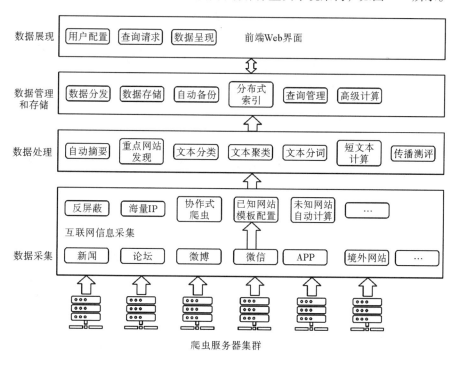

图5-1　新媒体监测系统架构

比如，地方性网媒系统的数据中心部署在北京，通过数据中心的大量爬虫服务器从数量众多的互联网门户网站获取数据，对互联网新闻、论坛、微博、微信等海量数据进行数据采集。

新媒体管理与监测平台基于 J2EE 架构，采用 B/S 架构，以多租户 SAAS 服务的方式，提供新媒体管理（信源管理、状态管理、用户管理、内容审查、上稿巡查、生成检查报告、统计分析）与监测（实时监测、工具管理、机器智能检测、媒体考核、人工检测、报告管理）服务，通过简单部署配置便可轻松实现对目标新媒体的日常管理与指标监测（见图 5-2）。

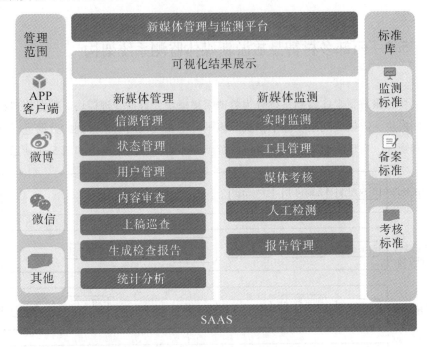

图 5-2 系统功能架构图

1. 数据采集模块

数据采集模块由爬虫服务器、爬虫任务调度服务器、爬虫监控服务器、爬虫日志服务器、数据去重服务器以及自然人行为服务器组成。数据采集是通过爬虫服务器集群协作完成的，对网站、微博、微信等海量数据进行采集，筛选出有用的数据信息。通过海量的 IP 地址池以及模拟自然人访问行为，持续不断地扫描所监控的网站，把采集到的数据保存在分布式存储服务集群中，并将所有动作和行为日志记录到日志服务器集群。采集到的数据通过采集数据接口传送给数据处理的情感判断、自然语言识别等子模块。

该采集方式要求能够高效及时地获取数据，支持千万级别的网站采集，部署灵活，易扩展。

2. 数据处理模块

数据处理模块是由用户专题实时计算服务器、实体抽取服务器、地域识别服务器、数据清洗服务器、流传输服务器、情感识别服务器组成。数据处理服务器对数据进行基础数据处理和信息处理，利用先进的数据分析处理方法对获取到的数据进行分析和处理，得出有效信息（见图5-3）。

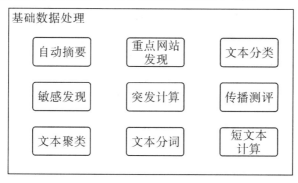

图 5-3　基础数据处理

3. 数据管理和存储模块

数据存储管理模块是由大数据分布式存储服务器、用户数据分布式存储服务器、流式处理分布式日志存储服务器、Web 服务器、发布服务器、管理服务器等组成。

数据存储管理模块负责数据的存储、检索以及发布，数据存储部分系统构架如图5-4所示。

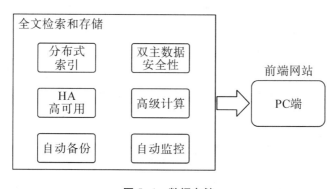

图 5-4　数据存储

4. 数据展现模块

将分析处理过的信息通过图表等可视化形式展示给用户。

5.4 西部乡村智慧旅游新媒体监测服务内容

乡村旅游新媒体管理与监测平台必须符合国家制定的最新监测指标要求，是专为政府组织单位、填报单位量身定做的乡村旅游新媒体监测平台。平台既能让组织单位从管理者的视角监测所管辖乡村旅游新媒体的日常运行情况，随时组织乡村旅游新媒体抽查活动，又能让填报单位专注自身新媒体问题，提供新媒体整改的重要依据和参考。监测服务内容如下：

（1）监测范围

对列入检查范围的乡村旅游新媒体进行全面监测检查，可通过设置监测频率定时进行监测。

（2）抽查要求

抽查拟严格按照《国务院办公厅关于印发进一步深化"互联网+政务服务"推进政务服务"一网、一门、一次"改革实施方案的通知》（国办发〔2018〕45号）有关要求开展，对全省政府乡村旅游新媒体安全、泄密事故等严重问题，内容不更新，互动回应差等方面进行检查，具体指标参照2019年国办下发的《政府网站与政务新媒体检查指标》和《政府网站与政务新媒体监管工作年度考核指标》。

（3）监测方式

通过系统监测与人工复核相结合的方式开展。系统重点监测乡村旅游新媒体出现的表述错误，泄露国家秘密，发布或链接反动、暴力、色情内容，因发布内容不当引发的负面舆情，监测时间点前2周内无更新等情况。人工重点监测APP无法下载或使用、发生"僵尸""睡眠"情况、未提供有效互动、购买"粉丝"、强制要求群众点赞等情况，并对系统监测结果进行复核验证，出具乡村旅游新媒体的监测服务报告。

（4）新媒体整改技术指导

在乡村旅游新媒体自查整改阶段，由业务骨干和专业技术人员对全省范围内各个乡村旅游新媒体责任单位提出的整改业务咨询问题进行答疑、技术指导和技术支持，包括：

①乡村旅游新媒体整改过程中的技术咨询与指导。

②其他监测相关工作咨询、建议的答复与反馈工作。

③开通热线电话，每天 8 小时回复各类电话咨询。利用网络通信平台与网站管理运维人员进行监测工作在线交流，实时在线回复各单位提出的各类监测咨询问题。

（5）微信、短信、邮件多渠道预警

监测报警的站点涵盖列入检查范围的乡村旅游新媒体，通过微信、短信和邮件等方式发布预警消息。

（6）监测工作总结

监测工作结束后进行全面深入的总结，并基于本次工作过程和经验积累，对后期如何常态化开展乡村旅游新媒体运行监测进行研究探讨并提出建议，比如定期提交《乡村旅游新媒体监测工作总结》。

5.5　西部乡村智慧旅游新媒体监测可视化

依托大屏展示，提供乡村智慧旅游平台新媒体数据的综合统计分析功能，根据不同的维度进行统计结果的可视化展示，支持折线图、曲线图、饼状图、环状图、柱状图、区域分布图等多种图表展示方式，满足用户多样化的数据呈现需要。系统可根据所提供的数据字段进行组合筛选，根据所选数据字段进行动态统计，从而实时掌握乡村智慧旅游平台新媒体全局态势。典型监测可视化大屏展示如图 5-5 所示。

综合统计及展示乡村智慧旅游平台新媒体中各模块的数据情况。新用户登录时会收到推荐排名前六的信源提醒。老用户登录时，若标准信源库更新，则有弹窗提示发现新信源。

（1）健康值

由疑似违规文章量与发文量综合计算得出。良好：80~100 分，中等：60~79 分，欠佳：0~59 分。

（2）当地概况

统计乡村智慧旅游平台新媒体分类及媒体分组的数量并以环形图展示。

（3）健康值及发文量变化趋势

用柱形图展示健康值和发文量之间的变化关系，可选时间 7 天或 30 天，默认展示 30 天的数据。

（4）排行榜单

展示出不同信源之间的四力指数排名柱状图。

（5）24小时最新文章

滚动显示最新的20篇乡村智慧旅游平台网站发布的文章。

（6）上稿巡查

展示最新一条巡查任务的名称及完成情况。

（7）质量考核

根据设置的考核周期、考核对象，统计被考核媒体数量和已处理问题、待处理问题、未处理问题的占比情况。

（8）发文考核

统计被纳入考核的媒体的正常更新及2周内未更新的数量，展示完成考核的单位。

图 5-5　典型可视化大屏展示图

5.6　西部乡村智慧旅游新媒体监测后台管理

乡村旅游新媒体监测系统的管理功能包括信源管理，数据管理，状态管理，用户管理，内容审查管理，上稿巡查，统计分析和微信、短信、邮件多渠道预警等。

1. 信源管理

支持对新媒体各类渠道的增、删、改、查等进行统一管理，确保平台满足对各类乡村智慧旅游平台新媒体投放渠道（APP、微信公众号、微博、微信小程序等）等的日常监测。

新增信源有手动输入和批量导入两种来源。典型信源管理界面如图5-6、图5-7、图5-8、图5-9所示。

图 5-6　典型信源管理界面

图 5-7　典型新增信源界面

2. 数据管理

支持对新媒体按不同渠道的报备管理要求进行资料的填报与审核操作，实现对各渠道新媒体资料的差异化管理，便于集中统一监管区域内各级政府建设和运营的各类新媒体服务。

3. 状态管理

支持对提交审核通过后的新媒体进行启用、关停、注销等管理操作，便于管理者了解新媒体的运营状态，及时调整对应新媒体的检查策略，更新所在推广渠道中新媒体的上、下架状态，保障新媒体正常服务。

图 5-8　典型手动输入信源界面

模版使用说明:

1、请先下载EXCEL模板,填写完成后,选择文件,上传文件;

2、信源信息按照模板中的举例格式填写;

3、导入的信源信息如与已有信源信息相同,则导入的信源将覆盖已有信息;

4、可导入的信源数量与您购买的产品版本中信源限制数量相同;

图 5-9　典型批量导入信源界面

4. 用户管理

支持对前台用户(公众与新媒体运营人员)、资料管理员(新媒体资料填报与维护)、机构管理员(新媒体资料审核与关停)和系统管理员(平台各项功能总管)等多角色用户的在线管理。

5. 内容审查管理

内容审查包括违规内容监测、姓名职务监测、自定义词库。

系统提供违规内容监测、姓名职务监测服务，查找文章内容错误，帮助相关部门快速定位错误来源，及时改正错误、降低风险。

　　（1）违规内容监测

　　违规内容主要分为低俗色情、政治有害、新闻禁用、广告禁用、错词问题和自定义问题六种类型。系统会自动巡查乡村智慧旅游平台新媒体各类发文问题情况。用户可通过顶部数据统计了解监测内容的情况，包括监测信息数和合规及疑似违规文章数。典型违规内容监测界面如图5-10所示。

图5-10　典型违规内容监测界面

　　标记为已处理：点击勾选需要标记的问题新闻，然后点击右上方标记为已处理。

　　标记为未处理：默认为未处理，若不小心误点了已处理按钮，则可以再次勾选该条新闻，点击标记为未处理。

　　标记为删除：可对"已处理/未处理"状态进行"删除"操作。

　　（2）姓名职务监测

　　系统词库预设了人物名称及对应的职位名称，会检测出发文中不规范的姓名职位，并把疑似问题标记出来。通过对文章内容进行自然语言分析，提取并分析新闻中重要人物姓名是否有误、职务搭配是否正确，并对疑似搭配错误内容进行修改建议。典型姓名职务监测界面如图5-11所示。

图 5-11　典型姓名职务监测界面

（3）自定义监测词库

系统用户可以通过自定义词库主动添加违规词或易错词，结合用户业务知识与基础语义知识更好地服务于问题巡检。违规词库中的词包括低俗色情、政治有害、新闻禁用、广告禁用、错词问题和自定义等类型。易错词库包括人物名称、行政地名、成语俗语、曾用术语、名人语录和其他类型。典型自定义词库界面如图 5-12 所示。

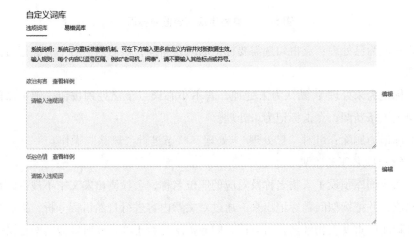

请输入违规词

编辑

新闻禁用　查看样例

请输入违规词

保存

广告禁用　查看样例

请输入违规词

编辑

自定义问题　查看样例

请输入违规词

编辑

图 5-12　典型自定义词库界面

6. 上稿巡查

为用户提供上稿巡查功能，用户可自定义上稿巡查范围，系统可根据用户业务要求对要闻区、不同频道进行内容监控。同时，可按照客户要求定制上稿时效。系统会记录媒体的上稿时间，监督当地新闻发稿情况。典型批量导入巡查信息界面如图 5-13 所示。典型巡查设置界面如图 5-14 所示。

上稿巡查

状态　全部　时间　　　　　　　请输入任务名称　Q　　　全部导出　创建巡查

序号　任务名称　　　标题名称　　完成率　　　创建时间　任务状态　　　　操作

暂无巡稿任务

图 5-13　典型批量导入巡查信息界面

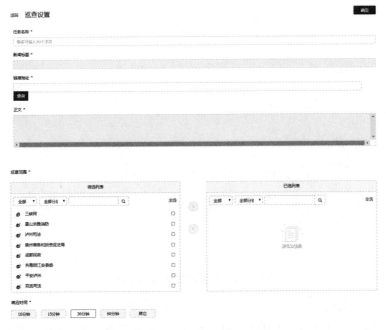

图 5-14　典型巡查设置界面

7. 统计分析

提供乡村智慧旅游平台新媒体数据的综合统计分析功能，根据不同的维度进行统计结果的可视化展示，支持折线图、曲线图、饼状图、环状图、柱状图、区域分布图等多种图表展示方式，满足用户多样化的数据呈现需要。系统根据所提供的数据字段进行组合筛选，将所选数据字段进行动态统计，从而实时掌握乡村智慧旅游平台新媒体全局态势。

8. 微信、短信、邮件多渠道预警

监测报警的站点涵盖列入检查范围的乡村智慧旅游平台新媒体，通过微信、短信和邮件等方式发布预警消息。

（1）对多媒体（微信、微博、APP）检查单项否决项自动报警

依据最新国办乡村智慧旅游平台新媒体检查指标对单项否决项，如首页 2 周无更新、严重错误、互动回应差、站点无法访问等单项否决项实时通过微信、短信和邮件向单位联络人自动报警。

（2）督办及通知公告消息提醒

若上级发出督办单，则系统会通过微信、短信和邮件等告知对应单位"有督办单待处理"，提醒其重视并整改督办问题。

（3）在平台重要位置对其他常规问题进行告警

在平台重要位置，对乡村旅游新媒体常规监测问题进行告警。根据用户需求，设置告警规则。比如，设定对微信中错链数超过 30 条、栏目更新不达标数超过 5 条、政务公开发布不及时内容超过 5 条等情况进行告警。

（4）站点监测数据日报

每日上午 8 点自动发送所监测站点的可用性、健康性、更新量、政务公开时效性等监测结果。

5.7　西部乡村智慧旅游新媒体监测前台功能

乡村旅游新媒体监测前台功能包括：实时监测，微博微信常规指标统计，热点信息分析，工具管理，机器自动监测，媒体考核，人工检测，报告管理，问题督办与告警服务等。

1. 实时监测

系统实时监测乡村智慧旅游平台新媒体最新发文内容，系统通过对文章内容进行自然语言分析，可检测出常规内容和违规内容。典型实时监测界面如图 5-15 所示。

图 5-15　典型实时监测界面

（1）发布实效性监测

每日对乡村智慧旅游平台（如微博、微信公众号、APP 等）信息更新情况开展监测，并支持用户自定义更新阈值（如设置微博在 1 周内更新 10 条，设置微信公众号在 1 天内更新 1 条）。当监测到更新未达标时，系统可发送短信预警信息给相关负责人员，提醒其尽快更新。

（2）"僵尸"账号监测

监测乡村智慧旅游平台（如微博、微信公众号、APP 等）是否存在账号内容长期不更新或者无信息更新的情况。

（3）无效链接监测

乡村智慧旅游平台（如微博、微信公众号、APP 等）作为乡村智慧旅游平台官方发布信息的新媒体，已成为政府提升政务服务水平以及信息公开水平的重要渠道。若信息中存在无效链接，则不仅无法传达准确完整的信息给公众，还会影响公众的在线体验，降低其对乡村智慧旅游平台新媒体的好感度。

监测平台可每日对微博、微信公众号、APP 等新媒体中的无效链接展开监测，支持按错误类型（网络错误、访问错误、服务错误等）、资源类型（比如链接、图片、脚本、框架、FLASH 等）、站内外地址汇总展示新媒体的总体错链监测情况。

（4）外链监测

监测平台可实时对乡村智慧旅游平台新媒体信息中的外部链接地址进行检测，并形成外部链接列表。平台支持人工审核，若发现非法外部链接（如存在赌博、色情、游戏、过期域名等问题），则立即告警，从而帮助用户及时发现并消除非法暗链、伪链。

（5）敏感信息监测

微博、微信、APP 等新媒体信息传播速度快、影响范围广。未经审核的敏感信息一经传播就极易造成负面舆情，给政府形象带来灾难性的影响。

监测平台内置涉密、涉敏特征库，定期对政府微博、微信等展开监测扫描，通过敏感词词库、关键词词库的比对挑选出较为敏感的信息，形成敏感词列表。同时提供人工定期巡查的方式审核确认。若乡村智慧旅游平台新媒体发布的内容含有涉密信息，则立即预警。

（6）严重错别字监测

每月对乡村智慧旅游平台（如微博、微信、APP 等）发布的信息中出现的错别字开展监测，经人工审核确认后，形成错别字监测列表。

错别字校对软件内置 1 000 亿海量词汇，以新版《现代汉语词典》为权威标准，采用优秀的中文智能分词技术、上下文校对与自适应技术，监测新媒体是否存在错别字。该系统功能包括：

①具有强大的政治性错误校对功能。

②精确校对领导人姓名、职务和领导人排序。

③即时更新的、可自定义的领导人职务库。

④高效的重点词、敏感词校对技术。

根据需求定制重点词监控词库，支持大容量的重点词监控词库。该词库功能包含：

①同音字校对。

②支持上下文校对与自适应技术。

③基于汉语切分技术、汉语语法分析技术、汉语依存关系分析技术等，具有自适应功能，能够随着使用率的提高而不断提高校对准确性。

2. 微博、微信常规指标统计

对门户网站微博、微信展开监测。主要对其信息发布量、发布次数、阅读次数、阅读人数、收藏人数、收藏次数、分享人数、分享次数等展开监测。微博、微信类型常规指标略有区别，具体监测内容如表5-1所示。

表5-1 新媒体监测常规指标

新媒体监测常规指标		
新媒体类型	初始指标	衍生指标
微信公众号	发布：发布量、发布次数 阅读：阅读次数、阅读人数 收藏：收藏人数、收藏次数 分享：分享人数、分享次数	平均（最高/最低）阅读次数 平均（最高/最低）收藏次数 平均（最高/最低）分享次数
微博	粉丝：粉丝数 发布：发布量 点赞：点赞数 转发：转发数 评论：评论数	平均（最高/最低）点赞数 平均（最高/最低）转发数 平均（最高/最低）评论数

以上指标，均支持任意时间段统计，并支持查看信息发布详情。

3. 热点信息分析

监测平台可对乡村旅游新媒体访客行为进行数据采集和分析，挖掘乡村旅游新媒体的潜在价值，提升乡村旅游新媒体的服务能力。分析维度包含但不限于乡村旅游新媒体类型访客的浏览量、来访用户数、来访用户来源、平均访问时间、关注热点、访问黏度等。

监测乡村旅游新媒体中粉丝关注的热点信息，便于运营者掌握粉丝需求，从而优化调整内容运营方向。

4. 工具管理

支持标准数据接口、信息采集等工具管理，针对不同新媒体渠道的信息获取方式，提供相应的信息获取工具，实现对目标新媒体日常运营的内容监测服务。

5. 机器智能监测

支持敏感词的自定义设置，结合国家及地方相关要求对敏感词进行新增、修改、删除等管理，监测目标新媒体内容中的敏感词信息，以便及时提醒并整改。

6. 媒体考核

系统对政府新媒体内容进行质量考核、发文考核、排行榜单考核等，综合考评发文数量和质量进行综合排名，为协助政府评测出优质的新媒体政府门户更好地提供依据。

（1）质量考核

系统会自动统计客户指定的当地新媒体信源错误出现量并做排序。信源类型覆盖 APP、公众号、微博、小程序；对乡村智慧旅游平台新媒体统计文章质量问题，收集原站链接入口；监督乡村智慧旅游平台新媒体提升发文质量。典型质量考核界面如图 5-16 所示。典型考核设置界面如图 5-17 所示。

图 5-16　典型质量考核界面

返回
考核设置
确定
考核范围
待选列表
全部
全部分组
全选
成都民政
共青团江安县委
平安泸州
双流司法
新都检察
蒲江司法
南充公安
蒲江检察
已选列表
全部
全部分组
全选
自贡市大安区人民检察院
伽师消防
成都青羊工会家园
芦山县人力资源和社会保障局
海原县人民检察院
托克逊县公安消防大队
奇台产业园区管理委员会
旺苍普法
考核指标
发文考评频率
每周
网站发文指标
5
公众号发文指标
5
微博发文指标
3

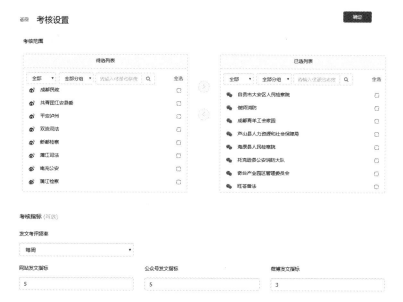

图 5-17　典型考核设置界面

（2）发文考核

系统会自动统计用户指定的乡村智慧旅游平台新媒体信源发稿量并做排序；记录乡村智慧旅游平台新媒体发文完成比例，记录乡村智慧旅游平台新媒体信源状态；监督乡村智慧旅游平台新媒体增加发文数量。典型考核设置界面如图 5-18 所示。典型发文考核设置界面如图 5-19 所示。

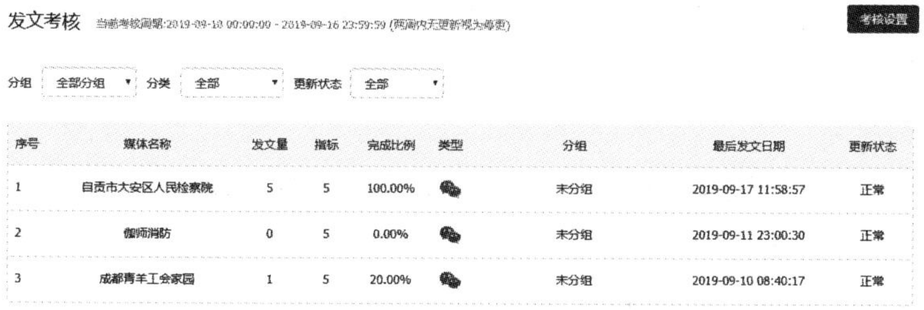

发文考核
考核设置
分组
全部分组
分类
全部
更新状态
全部
序号
媒体名称
发文量
指标
完成比例
类型
分组
最后发文日期
更新状态
1
自贡市大安区人民检察院
5
5
100.00%
未分组
2019-09-17 11:58:57
正常
2
伽师消防
0
5
0.00%
未分组
2019-09-11 23:00:30
正常
3
成都青羊工会家园
1
5
20.00%
未分组
2019-09-10 08:40:17
正常

图 5-18　典型发文考核界面

图 5-19　典型发文考核设置界面

（3）排行榜单考核

以传播力、影响力、引导力、公信力为基础数据，对乡村智慧旅游平台新媒体进行全方位考核，快速计算出乡村智慧旅游平台新媒体指数排名，协助相关机构做绩效考核。典型排行榜单界面如图 5-20 所示。

①传播力

针对相关媒体矩阵的信息发稿指数、文章转载指数，按照不同的权重指标进行计算。

②影响力

针对相关媒体矩阵的阅读指数、评论指数、点赞指数以及路径指数，按照不同的权重指标进行计算。

③引导力

针对相关媒体矩阵的情绪指数和词云指数，按照不同的权重指标进行计算。

④公信力

针对相关媒体矩阵的质疑指数和公信指数，按照不同的权重指标进行计算。

当进入"排行榜单页面"时，可发现该页面由媒体四力柱状图和榜单排行表所构成。其中，媒体四力柱状图按四力总分降序排列，榜单排行表的排行根据四力总分降序排列。

媒体四力柱状图：横轴表示不同信源四力的指数，纵轴表示不同的信源。

榜单排行表：由排行、信源类型、媒体名称、总分、传播力、引导力、影响力、公信力和发文量所构成。

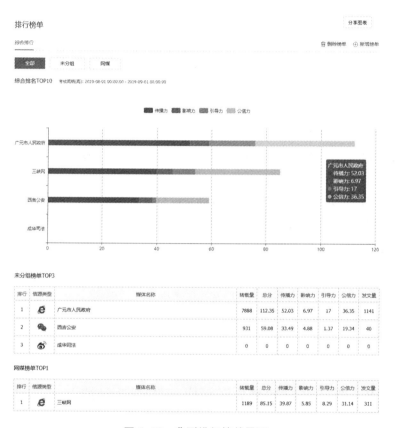

图 5-20　典型排行榜单界面

7. 人工检测

支持互动回应及时度的自定义设置，可结合国家及地方相关要求进行互动回应及时监测，并对发现的购买粉丝和强制点赞等行为进行提醒，以促进互动服务的规范化运营和管理。

8. 报告管理

（1）生产监测报告

支持用户查看新媒体对应角色权限的检查结果，掌握新媒体的敏感词、安全和泄密、内容更新频率、互动回应及时度等日常运营情况，并根据角色的不同完成对应问题的处理。

（2）报告管理

支持对检查报告内容进行查阅、审核、修改等管理，实现人工对自动检查结果进行抽查及复核，确保检查报告结果及时、准确。

9. 问题督办与告警服务

（1）问题告警

根据系统设定的告警值，对监测到的问题进行告警。在问题告警模块提供预警消息列表，同时在平台首页明显位置提供预警消息提示。

（2）问题督办

对平台中监测到的较为严重的问题提供问题督办功能。管理员可查看问题列表，并对督办单位设置督办整改期限（比如设置 7 个工作日等）。

（3）问题催办

提供催办功能。若管理员发送督办单后长时间未收到被整改单位的反馈，则可以发送催办单给被整改单位，且管理员可选择将催办信息发送给相关人员，比如经办人、分管领导、单位领导等。

（4）问题整改反馈

支持各单位对上级督办单的问题整改情况进行反馈。

（5）督办单反馈审核功能

支持管理员对各单位反馈的问题整改情况进行核实和审核。

5.8 西部乡村智慧旅游新媒体监测平台特点

5.8.1 监测平台的技术特点

乡村智慧旅游新媒体监测平台应具备先进性、前瞻性、易管理性、易扩展性和高安全性等特点。

1. 先进性

基于乡村智慧旅游平台完成乡村旅游新媒体监测平台的敏感词检测，可对新闻内的涉黄、涉政、新闻禁用、广告禁用等敏感词进行检查，通过智能算法模型增加新闻分类、引入分词功能，使敏感词检测准确率达到80%以上。每秒完成 300 亿次逻辑匹配，秒内可完成 400 亿篇文本的检索，拥有 5 种类型的词库模型。

2. 前瞻性

平台搜集整理"10W+"常用词，并以此为标准，完成基于汉字拼音的错词检测功能。目前基于拼音的错词检测准确率可以达到 70% 以上。采集范围覆盖海量媒体，采用爬虫技术和流式处理技术。

整理并初始化录入"500+"中央及省部级领导人职务，并以此数据为基准，完成网媒管理系统中的领导人职务检测功能。早期领导人职务检测准确率较低，通过更改检测逻辑、抓取更新领导职务等手段，使当前领导人职务检测准确率达到 75% 以上。

3. 易管理性

乡村旅游新媒体监测平台具备中心的统一管理，管理员可通过后台对系统进行管理和维护，实现完整的流程化管理，使维护更方便。

4. 易扩展性

支持系统可扩展，保证在不中断整个系统正常工作的前提下实现系统的灵活扩展和维护。根据用户需求，可定制数据应用，并预留一定的应用扩展空间。

5. 高安全性

支持系统访问控制，能够防范常见的黑客攻击，并对内部实现安全管理。支持服务器双机热备、软件服务分布式部署。

5.8.2 监测平台的功能特点

乡村旅游新媒体监测平台具有精准词语检测、科学自动监测、提高监测效率和节省人力成本四大功能。

1. 精准词语检测

中文分词与短语连用是中文信息处理的基础。系统采用规则和统计相结合的方法进行中文文本的词语切分，可以有效地解决中文词语切分过程中的歧义问题。中文分词可以有效地用于解决文本信息处理中如信息检索、信息抽取、搜索、文本内容理解等方面的问题，分词准确率可以达到 99.6%。支持中英文分类，可根据不同应用采用不同的特征抽取方法和分类模型。

2. 科学自动监测

通过科学的文本体系、高效的自动监测机制，构建属地新媒体内容保障体系，降低管辖区域的文本差错率，实现乡村旅游新媒体管理，提升其公信力和引导力。第一，实现精准发现敏感内容超过 5 000 项；第二，覆盖网站、微博、公众号等全部媒体类型；第三，内容实现秒级采集与呈现，支持 10 万关键词高效匹配。

3. 提高监测效率

全面覆盖网络数据，实现负面舆情秒级预警，提供灵活可定制的精准监测、事件追踪及分析，自助生成智能报告，帮助用户提升舆情工作效率。

4. 节省人力成本

乡村旅游新媒体监测系统对采集机器实行 7×24 小时实时不间断监测，帮助用户在业余时间或节假日及时掌握信源信息，大大降低人工操作成本。

5.9 西部乡村智慧旅游新媒体监测的现实价值

乡村旅游新媒体监测平台的现实价值包括新媒体检查指标无死角监测、新媒体资料管理与运营考核、查看详细检查报告、人机互补协同巡检，以及新媒体监管检查一站式服务等。

1. 新媒体检查指标无死角监测

新媒体监测涵盖 APP、微博、微信公众号等主流新媒体渠道，针对泄密、内容不更新、互动回应差等国家检查指标项对目标新媒体实现无死角监测，平台支持指标管理、更新监测、互动监测、敏感词监测等功能，并提供翔实的动态监测、结果展示、报告下载等服务。

2. 新媒体资料管理与运营考核

为各级新媒体规范建设和健康发展提供统筹规划能力，实现全域内各级政府乡村智慧旅游平台新媒体的新建、关停、注销等报备与审核，便于上级政府及时了解下级乡村智慧旅游平台新媒体建设和运营状态。同时，结合新媒体监测服务积极开展对区域内新媒体的考核工作，从而进一步提升乡村智慧旅游平台新媒体服务品质，提高群众满意度。

3. 查看详细检查报告

针对检查指标实现对目标新媒体自动或手动生成报告，各级管理机构可通过报告中详尽的问题说明迅速定位不同新媒体渠道中的问题，及时对问题进行针对性整改，排除问题隐患，并结合历史报告为各级乡村智慧旅游平台新媒体建设和运营工作提供常见问题和处理建议等支撑服务，提升乡村智慧旅游平台新媒体整体内容健康度。

4. 人机互补协同巡检

对目标新媒体持续高效监测，及时甄别新媒体检查指标项异常。通过平台各类标准库实现智能预处理分析，通过多种渠道向用户及时推送预警信息。同时，安排专业运营保障人员进行巡检，对系统无法识别的问题进行快速研判和定性，建立人工与机器的互补协同监测生态。

5. 新媒体监管检查一站式服务

为前端用户（社会公众、管理人员）和后端用户（信息管理员、机构管理员、系统管理员）不同角色提供贯穿新媒体的全流程（规范、报备、审核、检查、下载、查看等）差异化服务，及时掌握新媒体开设、关停和注销状态，规范各级乡村智慧旅游平台新媒体的建设和运营，为乡村旅游新媒体平台的健康发展提供一站式监测服务。

5.10 本章小结

网络信息安全对于乡村智慧旅游的发展至关重要，如果不能保证信息和内容的安全，很多信息化建设都会失去意义。因此，建设乡村旅游新媒体监测平台，是乡村智慧旅游发展最为重要的方面之一。本章分析了乡村旅游新媒体监测业务的需求，给出了建设方案的整体构架，研究了监测服务的内容、监测的可视化效果、监测的系统管理功能和具体监测栏目等，力求做好乡村旅游新媒体监测平台，为乡村智慧旅游健康发展保驾护航。

6 西部乡村智慧旅游建设实证研究 ——以内江市为例

6.1 内江市乡村智慧旅游建设概述

6.1.1 内江市乡村旅游发展概况

四川省内江市是典型的西部地级市，辖区面积为 5 386 平方公里，总人口为 410 万。历史上以生产蔗糖、蜜饯闻名，素有"甜城"美名。内江是开发较早的巴蜀腹心之地，历史悠久、人文荟萃，古有"十贤"，今有"七院士"，是国画大师张大千、新闻巨子范长江的故乡，"大千故里""书画之乡"享誉中外。

2018 年，内江市乡村旅游领域接待人数达到了 2 000 万人次，数量占到旅游人数的三分之一，增速远高于城市旅游发展，乡村旅游总收入达到近 101.38 亿元，接近全市旅游 40% 的份额，乡村旅游势头强劲。

内江市旅游及其乡村旅游近年得到较快发展。在张大千文化旅游产业园、范长江纪念馆、资中古城、隆昌古牌坊、隆昌古宇湖等旅游景区创 AAAA 升级的辐射带动下，乡村旅游的核心组成"农家乐"得到了较快的发展。截至 2018 年，全市较大规模农家乐数量达到近 100 家（工商注册名含"农家乐"字样的有 70 余家）。其中，市中区有 7 家、东兴区有 17 家、资中县有 8 家、隆昌市有 12 家、威远县有 12 家。在全市 100 家较大规模的农家乐中，有五星级农家乐 1 家、四星级农家乐 14 家、三星级农家乐 9 家、二星级农家乐 17 家，共吸纳就业人数上万人，全市乡村旅游收入占全市旅游总收入 30% 以上。

6.1.2 内江市智慧旅游的必要性

内江市建设乡村智慧旅游平台，可以解决内江市乡村旅游滞后的突出问题，是服务旅游景区的必然选择，是打造内江市经济发展新增长点的现实需要。

1. 解决内江市乡村旅游滞后的突出问题

内江市乡村旅游经过近几年的发展，其乡村旅游产品种类日趋丰富，产业初具规模，形成了田园风光型、景区带动型、古迹民俗型、农业观光型和节庆文化型等乡村旅游业态。其中，农事体验、果蔬采摘、垂钓、动植物观赏等乡村旅游活动已成为市民、游客节假日休闲娱乐的新时尚。2018年，内江市乡村旅游接待游客2 000多万人次，实现乡村旅游综合收入101.38亿元，直接或间接带动就业人数5万余人，农家乐达320余家，星级农家乐和乡村酒店达58家。但是，内江市乡村旅游还存在以下主要问题：

（1）乡村旅游产品相对单一，同质化现象较为普遍，缺乏特色旅游产品

内江市乡村旅游在形式和特色上依然以农家乐这一单一的载体为主。近年来，随着乡村旅游建设狂潮的兴起，民宿逐渐火热，乡村旅游的开发者多是在进行复制工作，缺乏对乡村旅游各方面设计的重视。在产品开发上，不了解市场需求，盲目地开发旅游产品，对项目地文化、民俗的深度挖掘不到位，实行简单的"拿来主义"，缺乏品牌和创新，成为影响外来游客到内江市旅游的主要因素。例如，内江市的蝶恋花景区与花漫水乡景区，完全是同一性质的赏花景点，并且两个景区相隔不到两公里，同质化现象十分严重。

（2）乡村旅游资金投入不足，服务不到位，设施不完善

由于乡村旅游发展所在地区经济相对落后，基础设施不完善，乡村旅游软硬件设施均有待提升，缺乏可持续发展的支撑。

例如，内江市农科院示范基地虽然已经具备了一定的名气，但仍然没有大型的停车场，每到节假日车辆只能乱停，由此造成道路拥堵，给游客和当地居民带来了极大的困扰。农家乐配套也不够，很多游客甚至找不到吃饭的地方。车不好停、吃饭的地方不好找、买东西不好买、上厕所不方便、休息遮阳的地方不足、安全存在隐患等问题成为制约乡村旅游发展的瓶颈。

（3）乡村旅游发展的季节性强，淡旺季明显

旅游产品单一、缺乏特色，同质化现象较为普遍。例如永安葡萄节、中山桃花节、威远无花果节等，没有与地方的特色民俗相结合，使得春夏季成为乡

村旅游的旺季,而秋季和冬季就成了淡季,淡季时这些景点甚至无人问津。

随着城市环境的变化、城市生存压力的增加、新农村建设的普及,城市人口对绿色生态美丽乡村生活有了更多的追求和向往,乡村旅游成为市民短线出游的首要选择。日渐火爆的乡村旅游,已成为满足内江市农村产业结构调整、农民奔小康与城市居民休闲旅游等多重需求的有效载体。

2. 服务旅游景区的必然选择

根据中共内江市委六届八次全会"大力发展现代旅游业"的工作部署,按照"加快推进大千文化旅游产业园等 8 个 4A 级景区创建工作"的要求,大千文化旅游产业园、范长江纪念馆、资中古城、隆昌古牌坊、隆昌古宇湖等旅游景区创 4A 升级建设正大规模有序推进。为满足游客在其景区吃、住、行、游、购、娱各类型和不同层次的需求,分布在旅游景区周围的乡村旅游及农家乐发挥了较重要的作用,为景区游客提供了方便,成为景区旅游后勤保障的补充,直接服务于旅游景区游客。

3. 打造内江市经济发展新增长点的现实需要

2018 年,内江市生产总值达 1 318.83 亿元,同比增长 7.8%;旅游收入达 101.38 亿元,同比增加 13.8%,占全市生产总值的近 10%,旅游经济总量和增长速度已成为全市经济发展的一个重要新兴部分。目前,"旅游"已成为人民群众日常生活度假的重要选择,而内江"乡村旅游"人次占当地旅游总人次的 30% 以上,乡村旅游是乡村生产、生活和生态环境三者合为一体的旅游类型,是对常规旅游形式的一种补充、发展,乡村旅游已成为内江市经济发展的新增长点。

6.1.3 内江市乡村旅游市场分析

1. 内江市乡村旅游发展优势

第一,内江市旅游基础设施和条件得到了极大的改善,城市得到了进一步发展。在投资推动下,交通、旅游、城建、电力等城市基础设施得到极大改善。其中,乡村公路里程达 1 304 公里,旅游市场发展水平呈现逐年上升趋势。

第二,游客参与度高。在现代社会,城市居民工作节奏快、生活压力大,人们渴望能在自然环境中放松、休闲,走出钢筋水泥铸造的大都市到田园乡村已成为一种时尚潮流。回归田野村庄,享受田园风光,体验淳朴民俗,走进自然农庄成为人们的选择。吃农家饭、住农家屋、做农家活、看农家景成了新的热点，而且这个市场还在不断扩大。

内江乡村旅游以"农家乐"形式为核心；客源市场固定，以城镇居民为主要对象；低投入、高产出，收益高于传统农业的收益。据有关方面统计，内江乡村旅游以周边近程 2 小时以内的散客、自驾游游客为主，其游客已占全市游客的 30%以上。

2. 市场需求类型分析

对内江市近年节假日景点市场需求进行分析，主要表现为短距近郊游是主体、自驾出游是主流、主要景区热度不减、乡村休闲不断升温。根据市场需求，内江市乡村旅游可发展的类型包括以下几种：

（1）城市依托型

主要是依托城市周边的农村、庭园，利用农村、庭园的自然生态和乡村文化，从吃、游、娱等方面满足城镇居民的休闲度假需求。内江有 5 个区、县、111 个乡镇、2 070 个行政村，沱江流经的沿江两岸拥有众多独特的自然丘陵田园景观，优良的生态环境，厚重的地域文化，使得乡村旅游极具经济价值。

（2）农村观光型

内江市不仅历史悠久，而且还有良好的生态环境，能满足游客观赏乡村风光风貌、体验乡村生活的需求。如举办的各种水果、鲜花节和开展的垂钓、户外露营、徒步穿越等活动受到内江市民和外地游客青睐。在观光活动中，游客既能观赏田园风光，又能采摘果实，还能品尝到原汁原味的乡村美食。

（3）景区承接型

主要承接全市精品旅游景点及线路的游客。如依托张大千产业园、范长江纪念馆、隆昌古宇湖、资中古城等发展的乡村旅游，重点承接五大休闲度假游区，分别如下：

一是以大千文化产业园、甜城湖水岸风情游憩带、乐贤半岛生态休闲度假区等为核心的内江生态休闲度假游区。

二是以资中古城、重龙摩崖造像、韩国三太子修行 14 年之地宁国寺、铁佛古镇、罗泉古镇等为主要内容的资中历史文化休闲度假游区。

三是以东兴老街、松柏寨、范长江故居、乐贤半岛、十里休闲走廊、圣水寺等为主要内容的内江历史文化生态休闲游区。

四是以古牌坊群、古宇湖、圣灯山、云顶寨等为主要内容的隆昌三古文化休闲度假游区。

五是以慈菇塘、穹窿古寨群、俩母山、长沙湖、葫芦峡、石板河等为主要内容的威远穹窿山水生态休闲观光度假游区。

（4）历史文化型

主要以甜城文化、村镇生产活动和生活方式、乡风民俗、寺庙宗教信仰等为特色。

6.2　内江市发展乡村智慧旅游需求分析

建设内江市智慧乡村旅游，可满足游客对内江市乡村旅游现代化、信息化的需求，通过智慧化（电商）平台，重点解决游客在乡村旅游时游、吃、购的便利化需求，以提高旅游信息化水平，实现乡村旅游服务、管理、营销、体验智慧化。智慧乡村旅游建设，就是利用网络整合乡村旅游的各个要素，为游客提供低成本、高效率的智能服务模式。

打造内江市智慧乡村旅游，须加强顶层设计、完善技术标准、整合信息资源，有序推进智慧乡村旅游持续健康发展，不断提升乡村旅游信息化水平。

1. 以地理信息为基础的智慧乡村旅游

利用电子地图，实现游客、农家乐经营者之间的位置地理信息互动。游客在安排乡村旅游行程时，最为关注的要素是食、住、行、游、购、娱。此时游客最需要的是一个能够提供大量、准确、翔实且以位置地理信息为基础的旅游信息"指南"。"指南"将传统图文形式的旅游信息与电子地图相结合，使游客通过手机 APP 在浏览旅游资源图文信息时可以同时了解乡村旅游景点所在的地理空间位置，系统也将以向导的方式引导游客进行旅游路线规划与导航等操作，直至引导游客到达乡村旅游景点为止。

2. 网上预订农家乐

由互联网和传统行业合力形成的信息化浪潮，成为中国经济转型的新生动力。利用"互联网+农家乐"的市场及电子商务模式，打通游客到农家乐的信息和消费支付链。

"互联网+农家乐"市场模式除了可以向游客提供农家乐的基本情况外，还可让游客通过电商平台支付定金，在网上预订农家乐。同时，农家乐可根据订单提前做好游客吃、住、游各项准备工作，提升服务水平。

3. 网络销售土特产品

土特产品即具有浓郁乡土气息的乡村食品。以内江乡村旅游土特产品为载体，在产品包装上融入甜城悠久的历史、注入创意元素。将现代先进网络、物流技术与相关乡土民俗文化相结合，提升内江土特产品的价值。利用电商平台，实现游客在农家乐吃、住、游和网络（线上）、实体店（线下）的土特产品购买。同时，一个星级农家乐可辐射就近农户，带动周边农民共同致富。

4. 通过平台活动和线上线下宣传包装乡村旅游活动

以农事农艺、乡村生活、乡土习俗、劳作体验为核心，以 OTO 模式包装推广主题活动，解决参与性、知识性、娱乐性缺乏的问题。积极推进个性化预约定制的主题活动。

6.3 内江市乡村智慧旅游建设重点范围

智慧乡村旅游综合管理平台以网络信息技术为基础，提升乡村景区公共服务能力，其高质量实施可为内江市乡村旅游的跨越式可持续发展打下坚实的信息化基础。

内江市主要乡村旅游点大部分已在三大运营商的基站网络服务范围内，基站光纤或基站无线网络已延伸到乡村大部分地区。在此基础上需建设面向游客、农家乐的专用"微波+Wi-Fi"无线网络，以降低游客智慧旅游成本，增大游客对智慧乡村旅游的认可度和参与度。

内江市的乡村旅游点和农家乐众多，根据内江市旅游局的规划和游客流量分布特点，首先重点建设市内主要休闲度假旅游区周边的乡村旅游点及农家乐，其后再延伸建设主要公路沿线具有一定规模的其他乡村旅游点和农家乐。

6.4 内江市乡村智慧旅游推广运营方案

内江市智慧乡村旅游的实现，需建设一个统一的智慧乡村旅游综合管理平台，实现以网站和手机 APP 方式向游客提供以位置地理信息为基础的智慧旅游服务，实现网上预订农家乐、网上销售土特产品等电商功能。

在市政府及市旅游局的领导下，内江市智慧乡村旅游综合管理平台拟联合当地运营商共同投资建设，其建设标准按内江市委、市政府的要求和省、市旅游局的标准规范进行。平台建成、正常运行并产生效益后，交由第三方公司运营管理,其业务接受市旅游局的管理和指导。平台的先期建设投资建议由市政府给予联通公司一定年限的部分补助,其余大部分投资由联通公司承担。平台的正常运营费,一是来自电商平台网上交易额的1%,二是来自农家乐经营户Wi-Fi上网流量费(游客的流量费由农家乐经营户承担),不足的部分由联通公司补足。

内江市智慧乡村旅游综合管理平台上的电子商务的支付部分,可通过内江市电子商务统一平台进行数据交换来实现。

内江市智慧乡村旅游将较大程度提升城市居民对乡村旅游的向往,加大内江市对乡村旅游资源的精准宣传、推广、营销力度,使旅游及乡村旅游成为内江市经济发展的新增长点,使智慧旅游成为旅游经济的强大助推力。

6.5 内江市乡村智慧旅游建设保障措施

1. 加强组织领导

内江市各级人民政府有关部门和有关单位要加强对智慧旅游建设的组织领导和统筹管理,建立有利于发挥信息化作用、分工合理、责任明确的旅游信息化综合管理机制。要加强各级智慧旅游主管机构的组织建设,强化统筹协调,促进各级之间、企业之间旅游信息化工作的协同配合。

政府要对乡村旅游发展的各项工作进行统一领导和组织协调。各乡镇要结合新农村建设、村庄环境整治和中心村建设等工作,统筹兼顾农民生产生活和游客休闲旅游的双重需要,在村庄建设中体现、渗透乡村旅游的元素。同时,要结合农业产业结构的转变和调整,充分调动村级组织和民资参与旅游开发建设的积极性;要积极利用和充分挖掘生态、人文等资源优势,体现项目特色,做到差异化发展,形成既相互补充又错位竞争的发展格局,推进乡村旅游项目的开发建设。各部门要从建设社会主义新农村的战略高度,重视发展乡村旅游,加强沟通,通力协作。农业部门要加强指导与协调,积极发展休闲和观光农业;财政部门要加大资金投入,重视乡村旅游的基础设施建设;国土部门要加强资源调查,做好资源保护与开发;建设部门要重视规划并加强指导,协调做好旅游规划与城镇规划、新农村规划工作;林业部门要发挥作用,加大森林旅游资源的开发与利用;文化部门要加强对乡村旅游文化资源的挖掘,发展特色乡村文化旅游产品;交通部门要加快旅游城镇及乡村的道路建设;旅游部门要做好旅游宣传、旅游线路推介及客源的拓展；公安、工商、卫生、物价部门要加强对乡村旅游目的地的社会治安、物价、市场秩序、食品卫生等方面的服务与管理；环保、税务、电力、通信部门要根据各自职责，做好相关工作；新闻部门应充分利用媒体优势，加大宣传力度，营造乡村旅游发展的良好氛围，积极支持乡村旅游的发展。

2. 加强乡村旅游规划

规划是发展乡村旅游的指导性文件，发展乡村旅游，必须规划先行，对发展乡村旅游进行精心规划。一是要结合旅游产业发展总体规划和社会主义新农村建设，对乡村旅游做出规划，对本地乡村旅游发展的指导思想、总体目标、空间布局、类型规模、产品特色、接待人次、旅游收入等进行科学安排，保证乡村旅游规划的整体性和连续性，因地制宜、突出优势、抓住重点、分步实施，避免急于求成、盲目发展和一哄而上的现象发生；二是各乡镇和项目业应主要对重点旅游村、农业旅游点进行详细规划，充分考虑当地的自然和文化特性，旅游市场的需求、规模和发展趋势，乡村旅游的布局、基础设施等方面的问题，量力而行、有序推进、逐步完善。

3. 加强政策支持和资金保障

加快制定促进智慧旅游发展的激励政策，比如鼓励各级结合实际开展各具特色的政策实践，形成推动智慧旅游发展的政策环境。加大资金投入，整合涉农资金，加快改善乡村旅游点的道路、水电、通信、村容村貌等方面的基础设施建设。切实解决基础设施、公共服务和环境卫生等问题。完善用地政策，鼓励社会资本通过流转土地承包经营权等方式从事与旅游业相关的种植业、林业、畜牧业和渔业生产。统筹安排，优化结构，市、区（县）两级财政要加大对重点项目的投入。

乡村旅游点的建设要坚持贴近生态和自然、尊重历史和特色的原则，以整洁、舒适、休闲为要求，加强服务设施配套，因地制宜，营造亲山亲水、环境宜人的独特乡村氛围，体现山区的古、幽、清、特等乡村旅游特色。

积极创造条件，梯度开发。每年安排一至两个县级重点建设项目和二至四个乡镇重点建设项目，分期分批实施开发。在项目开发中，根据资源类别的不同，突出特色，做到高起点规划、高标准建设。对建成的乡村旅游点，坚持以人为本，加强规范管理，营造良好的接待服务环境。对有一定档次的项目择优推荐申报全国或省级农业旅游示范点、A 级旅游区（点），并对创建成功的旅游点按照不同级别给予一定的奖励。

乡村旅游是"三农"与旅游结合的新型产业形态，对于改善农村环境、扩大就业、增加农民收入，开发、保护生态环境和人文资源都具有积极意义，相关部门应深入研究、积极扶持、促进发展。

（1）资金方面

市内各县财政每年安排一定的资金作为乡村旅游发展专项资金，主要用于基础设施配套、生态环境改造、旅游设施建设、市场宣传促销、标准化规范管理和奖励补助等。比如，县农办等县直有关部门和各乡镇要将乡村旅游项目建设与社会主义新农村等建设项目有机结合，并安排配套的专项资金扶持乡村旅游开发。对重点乡村旅游开发项目，实行"一事一议"，给予更大的资金扶持。

（2）土地方面

要结合新一轮土地利用总体规划修编工作，在总体规划中统筹考虑乡村旅游项目建设的用地空间。项目建设用地可通过出让、租赁等方式取得土地使用权。对土地使用权出让金县所得部分，可根据项目投资额按一定比例返还，用于乡村旅游项目开发的基础设施建设。积极鼓励将荒山、荒坡、仓库、晒场、水库、鱼塘、山林等资源用于乡村旅游项目开发。

4. 加强旅游信息安全建设

加强旅游信息安全保障体系建设，构建以网络安全、数据安全和用户安全为重点的各层次安全体制，鼓励使用技术先进、性能可靠的信息技术产品，配合第三方安全评估监测机构，加强政府和企业的信息系统安全管理，保障信息系统互联互通和部门间信息共享安全。

5. 加强旅游信息化人才队伍建设

制定旅游信息化人才培养和引进政策。积极探索人才定向培养机制，鼓励市内有条件的高等院校设立旅游信息化相关专业，培养专业素质高、综合能力强、社会适应性强的旅游信息技术人才；鼓励教育培训机构开展旅游行业从业人员信息化知识技能培训，让人才培养紧跟行业发展；鼓励旅游相关专业高学历的应届大学生或在外务工人员返乡创业。

6.6 内江市乡村智慧旅游的规划与设计

6.6.1 建设依据与设计依据

内江市乡村智慧旅游平台建设涉及旅游、信息化、软件开发和网络的规范，其设计建设与设计依据包括：

《关于促进智慧旅游发展的指导意见》

《国家旅游信息化建设技术规范》

《旅游电子商务网站建设技术规范》

《旅游景区质量等级评定与划分》

《中国旅游饭店行业规范》

《全国文明风景旅游区暂行标准》

《四川省旅游发展总体规划》

《农家乐（乡村酒店）旅游服务质量等级划分与评定》

《四川省"十三五"旅游业发展规划》

《计算机软件开发规范》

《计算机软件产品开发文件编制指南》

6.6.2 建设内容

1. 面向游客的子平台

面向游客的子平台的功能包括两个部分：

一是平台提供以位置信息为基础、与游客智慧旅游直接相关的功能，主要包括二维码管理，景区、景点攻略、LBS 签到应用服务，游客轨迹记录，手绘地图，定位服务，虚拟导游导览，虚拟路牌，电子围栏，农家乐导航，好友组团等。

二是农家乐向游客提供服务的功能，主要包括农家乐动态、停车场信息、美图直播、游客互动、农家乐推荐、农家乐游客热度展示、SOS 一键呼救、天气信息、电子商务等。

（1）景区、景点攻略功能

主要提供景区、景点资讯，包括吃、住、行、游、娱、购六大旅游元素信息，如景区动态新闻、图文、视频、农家乐状态（接待/休息）、吃住购预订等信息。

技术实现方式：网站、手机 APP 浏览展示。如图 6-1 所示。

图 6-1　APP 景区信息

（2）LBS 签到应用服务功能

利用地理位置的签到应用服务，游客通过注册（扫描二维码或直接下载安装 APP）应用 LBS，通过移动终端 Wi-Fi 网络，可确定游客的实际地理位置，为游客提供其所需要的与位置相关的服务信息。

技术实现方式：①通过互联网旅游网站注册，移动终端进入景区 AP（access point）无线网络覆盖范围后，便可自动进入游客服务系统实现 LBS 签到；②手机 APP 移动终端通过扫描网站、门票、路牌上的二维码可实现 LBS 注册并自动签到。

（3）游客轨迹记录功能

游客进入农家乐区域后，APP 将记录游客游览路线轨迹。

技术实现方式：通过数据接口在百度地图上展示。如图 6-2 所示。

（4）定位服务功能

提供景区内卫星定位服务，主要采用 GPS 定位技术，准确显示游客所在位置的地图、经纬度、海拔及轨迹。

技术实现方式：通过数据接口在百度地图上展示。

（5）虚拟导游导播功能

利用 GPS 技术，自动识别农家乐经纬度坐标，使用手机 APP 播放农家乐视频、图片、语音文字介绍。

图 6-2　APP 游客轨迹记录

技术实现方式：根据农家乐卫星经纬度位置，在农家乐景点坐标处按键自动播放相应讲解内容。如图 6-3 所示。

图 6-3　APP 虚拟导游导播

（6）中、英语音讲解功能

使用中、英双语为游客提供内容讲解服务。

技术实现方式：利用 GPS 技术，自动识别农家乐经纬度坐标，使用手机 APP 播放相应内容。

（7）虚拟路牌功能

在地图上为游客提供去农家乐旅游的路线及路口去向注释，便于游客掌握旅游路线。

技术实现方式：利用 GPS 技术，使用手机 APP 展示。

（8）电子围栏功能

提供电子围栏服务，当有人越过所设定的电子围栏时系统会自动发出警示。

技术实现方式：以百度地图为载体，在农家乐坐标周围设置电子围栏安全值，超过设置值时游客手机会发出响声。监控平台可统计游客超出围栏情况并在地图上显示，将超出围栏游客的手机号（IOS 手机终端须注册，并由人工填入手机号）自动发给平台以供救助时使用。

（9）景区内导航功能

为游客提供实时路况信息，提供线路规划并导航。

技术实现方式：通过数据接口连接启用百度地图的搜索功能。如图 6-4 所示。

图 6-4　APP 景区内导航

（10）好友组团功能

提供团内位置分享和团内图片、文字、语音沟通等服务。

技术实现方式：后台统计一定范围内的游客并进行匹配，或通过微信将信息发给相关游客，由游客自行添加好友进行组团。

（11）停车场信息功能

为游客提供停产场剩余车位实时信息。

技术实现方式：开发乡村智慧旅游平台与停车场信息管理系统的接口程序，提取剩余车位数据展示到平台。

（12）美图直播功能

可进行官方美图直播（图文、视频、语音）、游客美图直播、专业摄影直播（摄影师授权发布）。

技术实现方式：通过网站、手机 APP 浏览展示。

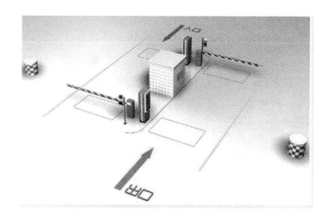

图 6-5　停车场示意图

（13）游客互动功能

游客对农家乐景区服务予以评价并上传信息。

技术实现方式：①游客可在旅游结束时，对景点设置、设施、导游、景区服务质量等予以好、中、差评价；②游客可在旅游中适时进行语音留言、文字留言和图片上传，其信息即时发回管理平台、农家乐经营者。

（14）虚拟旅游功能

采集真实的农家乐场景图像信息，通过 360 度虚拟全景技术展示。游览者可通过网站和手机 APP 控制图像放大、缩小，并随意拖动场景观看 360 度范围内任意角度的图像。

技术实现方式：采用 flash 全景制作软件生成 360 度虚拟旅游全景图。

（15）SOS 一键呼救功能

提供一键呼救服务，通过"一键呼救"可实现：①向管理部门、农家乐经营者发出求救信息（地图显示游客当前位置、游客姓名、手机号码、求救时间）；②平台提供农家乐经营者与求助游客的语音对讲功能。

技术实现方式：通过微信或短信发送救助及对讲信息。

（16）微博微信分享功能

平台支持游客将农家乐景点信息分享到第三方微博、微信互动平台。

技术实现方式：采用 API 接口，将信息分享互动至第三方微博。

（17）天气预报功能

为游客提供实时和未来 7 天的天气预报。

技术实现方式：利用数据接口提取气象信息。

（18）餐饮住宿土特产品电商功能

实现网上预订农家乐、网上销售土特产品、移动电子支付功能。如图 6-6 所示。

①网上预订农家乐。一是预订餐饮并网上电子支付，可查看各个特色菜肴介绍及实物照片、价格等；二是预订住宿并网上电子支付，可查看房间介绍及实物照片、周围环境、价格等。

②网上销售土特产品。实现网上购买土特产品及网上电子支付功能，可查看土特产品介绍及实物照片、价格等。

图 6-6　APP 餐饮住宿土特产品电商

③移动电子支付功能。通过移动电子支付预订农家乐、购买土特产品；对网上销售的土特产品采用支付金存放第三方、快递运送、购买者收货确认、购买者支付款项的方式及流程实现移动电子支付。

技术实现方式：采用 B2C 技术，利用手机 APP 通过银行网银网关接口直接支付或第三方支付平台支付。如图 6-7 所示。

图 6-7　电子商务支付方式

电子商务的支付也可采用内江市电子商务统一平台，通过交换两个平台的数据来实现。

（19）测绘及 360 度全景照片功能

实现星级农家乐景点位置、路口位置等 GPS 测绘和农家乐 360 度全景采集。

技术实现方式：采用移动终端设备现场采集星级农家乐景点数据并返给平台数据库存储，数据可供导航系统调用。用航拍技术拍摄农家乐景点图片和视频，并进行合成，生成可 360 度旋转在线观赏的全景。

2. 面向农家乐经营者的子平台

（1）通过网站或手机 APP 发布信息功能

发布的信息：餐饮方面包括包席、菜品介绍及实物照片、价格等，住宿方面包括房间介绍及实物照片、周围环境、价格等；土特产品方面包括产品介绍及实物照片、运送方式、价格等。

（2）支付结算功能

通过网上预订的农家乐和土特产品，一是可以通过第三方支付平台实现游客与农家乐经营户间的支付结算，二是可以通过本乡村旅游综合管理平台实现平台服务商与农家乐经营户间的服务费结算。

技术实现方式：通过数据接口实现与银行网银网关、三方支付平台或与内江市电子商务中心进行数据交换完成支付、结算。

（3）投诉处理功能

对游客的投诉、建议进行处理及回复。

技术实现方式：可以通过后台管理系统对应的权限，采用人工的方式回复游客的投诉和建议，也可以通过机器学习将已有的投诉和建议进行分类汇总，形成通用的智能问答。游客可以搜索查看同类问题的答案。

（4）农家乐经营情况统计报表功能

按月进行农家乐经营情况的统计汇总，主要指标包括农家乐总收入、农家乐电商部分收入、接待游客人数、餐饮住宿收入、餐饮住宿电商部分收入、土特产品总收入、土特产品电商部分收入、平台服务费支出等。

技术实现方式：采用可视化组件加载相关数据，自动生成对应的表格、柱状图、饼状图、趋势图和对比图等统计分析图表。

（5）精准营销功能

对关注农家乐旅游景区的人群实现精准营销宣传及产品推广。

技术实现方式：通过 Wi-Fi 网络发布营销宣传及产品推广信息。

3. 面向乡村旅游服务运营商的子平台

（1）乡村旅游服务运营商员工通信录功能

对景区员工通信录进行分组管理，为景区各部门员工之间的联系提供服务，可直接拨打电话，查找相关联系人。

技术实现方式：制作内部电话簿，存储职工手机号码，在电话簿上可人工选号拨打电话或发送语音对讲，掌握上班时间工作人员在岗地理位置。

（2）农家乐流量、热度统计功能

对农家乐各景点游客流量进行监测统计。

技术实现方式：通过 LBS 和 AP 技术，采集主要时段游客停留农家乐时间并进行统计分析。

（3）农家乐评价统计功能

将游客对农家乐景点餐饮、住宿、设施、环境、服务质量和土特产品的评价打分及文字留言等进行统计。

技术实现方式：对游客在乡村旅游时填写的互动评价表及数据进行统计。

（4）集成视频监控功能

与农家乐景区现有的视频监控系统融合，实现全方位、多角度监管。

技术实现方式：对农家乐景区视频监控进行 SDK 二次开发。

（5）微博微信管理功能

提供对农家乐景区微信公众号、微博的在线管理功能。

（6）后台和电商交易结算管理功能

一是实现网站和手机 APP 的后台管理，负责各种属性设置、参数配置、角色分配、用户管理、权限分配、模板管理、字典维护、日志管理等功能；二是实现游客、农家乐经营者、第三方电子支付平台、乡村旅游服务运营商四方之间的各类资金支付、运营费用提取、财务结算、统计汇总报表等功能。如图 6-8 所示。

4. 面向主管部门管理的子平台

（1）采集农家乐评价信息功能

采集游客对农家乐景点餐饮、住宿、设施、环境、服务质量和土特产品的评价打分及文字留言等信息。

（2）智慧乡村旅游农家乐统计汇总功能

对农家乐经营数据进行统计分析，对汇聚的信息进行智能分析、数据挖掘，形成统计报表和趋势分析报表，为日常运行监管提供数据支撑。

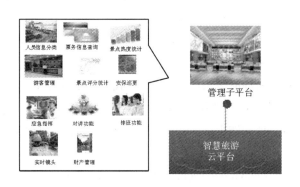

图 6-8　后台和电商交易结算管理功能

6.7　内江市乡村智慧旅游主要技术内容

内江市乡村智慧旅游平台的基础技术构架采用了 J2EE（包括 JAVA 3D）技术路线和 B/S 与 C/S 相结合的架构。遵循 J2EE 规范标准、SOA（面向服务架构）标准、WFMC（国际工作流管理联盟）标准等，前台界面采用 html5+DIV+CSS3 开发框架。

开发框架符合 JSR 168 标准，提供统一的开发环境及其扩展功能。平台支持各种部署模式、主流操作系统，并具备完备的接口体系、配置体系、后台管理体系，支持未来的扩展空间。

平台支持各种主流的结构化和非结构化数据库，其中关系型数据包括 Oracle、MS SQL Server、MySQL、DB2 等。

智慧旅游平台设计开发两个版本，即 PC 版、手机 APP 移动版（iOS 和 Android 版）。其中，手机 APP 移动版具备 PC 版的核心应用功能。

平台支持 500 个或以上的并发用户，客户端打开简单界面系统响应时间不超过 3 秒，打开复杂界面系统响应时间不超过 5 秒，对刚访问过的页面再访问延时不超过 1 秒，在安全防范方面重点采用 5S 安全及 18 层安防措施。

6.7.1 乡村智慧旅游网站集群

乡村智慧旅游通过网站集群、手机 APP（iOS、Android）向公众提供农家乐景区信息、智慧游览和电子商务服务。

内江市智慧旅游网站采用网站集群模式，统一与旅游相关的所有网站站点管理，充分发挥网站集群信息集成的优势。

智慧乡村旅游同时采用移动技术，建设景区手机 APP，充分发挥智能手机 APP 移动终端平面阅读和多种感知功能，使手机 APP 将空间信息呈现与终端传感器相关联，使智能手机 APP 移动终端成为智慧乡村旅游景区端点信息的聚合体。

基于 iOS、Android 的手机移动 APP，利用手机自带的若干传感器功能，提供基于智能手机设备的 GIS 定位、导航、导游、电子围栏、电子商务等智慧化服务，同时向游客提供景区信息、虚拟旅游体验及网络营销产品服务。

6.7.2 手机智能游客服务 APP

手机 APP 在具备 PC 端网站主要技术和核心信息内容的基础上，新增了较多与 GPS 卫星定位应用相关的新技术。基于 GPS、LBS、移动电子商务等的智慧乡村旅游手机 APP 是面向游客的服务系统，是内江市智慧乡村旅游的重中之重。

手机 APP 充分发挥智能移动终端携带的多种感应元件的功能，包括加速感应器、三轴陀螺仪、光线感应器、气压感应器、温度感应器、距离感应器、RFID、GPS（北斗）定位、网络定位等多种感知功能，将空间信息呈现与终端传感器相关联，使智能移动终端成为智慧旅游端点信息的聚合体。

6.7.3 乡村智慧旅游微信公众号

在通过接口与 QQ、微信、微博、百度地图、监控系统对接的基础上，手机 APP 主要建设内容如下：

①建设手机 QQ、"内江智慧乡村旅游"微信公众号及"@内江智慧乡村旅游"百度直达号，游客可通过手机百度搜索、QQ 搜索、微信搜索，查询到全面的吃、住、行、游、购、娱信息，并使用电子商务服务。

②建设景区虚拟旅游三维或"360 度虚拟旅游体验"、景区地图导航及虚拟路牌指引（语音播放）、景点导播及多语种语音介绍、电子围栏等。

③建设 LBS 地理位置定位服务系统，包括游览、住宿、餐饮、交通、停车的地图导航，SOS 呼救等。

④建设精准推送系统，通过信息内容推送激发游客对乡村智慧旅游景区体验的向往。

6.7.4　景区虚拟旅游

在乡村智慧旅游网站提供传统信息的基础上，建设景区场景虚拟旅游体验系统（网站、手机 APP），包括 56 个重点星级农家乐景点的 360 度虚拟旅游体验子系统。

通过计算机技术实现乡村智慧旅游 56 个重点景点场景的 360 度或三维模拟，借助图像技术让游客感受真实的目的地场景，使出游前的游客能身临其境般进行虚拟旅游活动，从而促进游客对乡村智慧旅游体验的向往。

6.7.5　旅游资源网络整合线上线下营销

通过网站集群和手机 APP，实现对本地旅游风景区的宣传以及对手机 APP "关注者"的精准营销。在此基础上，加大其在全国及四川专业旅游网站等平台的营销推广和广告投放力度，打通从品牌宣传到在线产品售卖的一条龙服务渠道，实现线上线下营销。

6.7.6　游客 SOS 一键呼救系统

在景区已设置救助公用电话的基础上，建设游客手机 SOS 一键呼救系统，大大提升景区对游客在紧急情况下需要救助时的应急效率。

游客 SOS 一键呼救系统是景区为求救者提供紧急救援的专用通信系统，在手机上下载安装景区客户端软件后，一旦游客发生紧急情况需要救助时，只需游客按下" SOS 一键呼救"提示键，即可通过 AP 无线系统发出包括 GPS 地址（经纬度）内容的求救短信（报文）。应急指挥中心收到短信（报文）后，自动通过应急指挥中心平台寻找到求救人的实时位置和手机号码，在第一时间联系求救人，并通知就近管理人员快速到达现场实施救援。

通过对已建监控系统的信息采集、共享以及游客 SOS 一键呼救系统的建设，景区应急指挥系统可较好实现下述功能：

①随时了解游客在景区中的位置和分布，如果遇到危险，游客可以迅速呼叫求救，管理部门能够及时救援。

②景区管理部门可以随时监控各个景点的人流量，一旦人流量超过警戒水平，就需要及时进行疏导。

③景区管理部门可以对有可能遇到危险或者已经遇到危险的游客进行语音提醒、自救指导或实施救援。

④景区管理部门可以对景区的车辆进行调度，如果有车辆遇到危险，将即时进行救援。

⑤发生危急情况时可以方便通知导游管理自己的团队，实现团队及时召集、及时离开。

根据内江市主要乡村智慧旅游景点的实际情况，旅游应急指挥系统主要依靠景区视频监控系统、"SOS一键呼救"与传统应急处置相结合的方法，了解、收集旅游突发事件的发生、过程等状况。同时，重点开发针对视频监控设备、卡口的接口软件，将球形摄像机、枪式摄像机、卡口抓拍机、车场管理平台等获取的图像、声音、数据信息集成至应急指挥中心，便于通盘掌控应急处置情况，实现协同指挥、有序调度和有效监督，以提高应急效率。如图6-9所示。

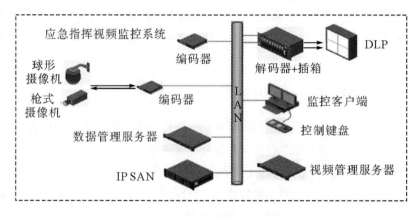

图6-9　应急指挥视频监控系统

6.7.7　智能停车管理

为向游客提供景区停车场信息（车场位置、车位数、剩余车位数、发布时间），需在内江市大型农家乐停车场建设智能停车管理系统。

智能停车管理系统将融入智能景区综合管理总平台，并通过接口向管理总平台提供停车场的相关数据和信息，以供对外发布。

在停车场的出入口设置一套管理设备，进出车只需在读卡箱前扫描 IC 卡，系统即能瞬间完成检验、记录、核实、收费等工作，实现挡车道闸自动启闭，从而方便快捷地进行车辆进出管理。开发智能停车管理系统用户端数据接口软件，实现其智能停车管理系统硬件集成。如图 6-10 所示。

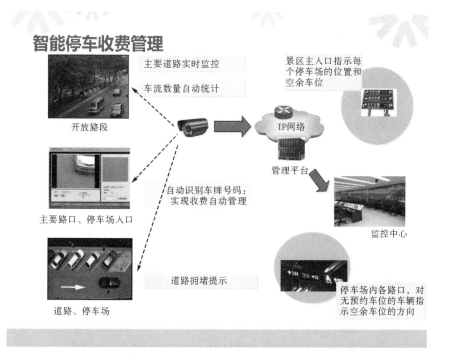

图 6-10   智能停车收费管理流程图

6.7.8   电子商务交易管理

内江市乡村智慧旅游游客的电子交易及支付的操作通过网站或手机 APP 实现。因涉及资金安全，网站和手机 APP 的电商功能系统与其他功能系统相互独立并逻辑隔离，其数据交换采用接口方式实现，采用最高级别的技术及措施，保证游客、农家乐经营者、乡村旅游服务运营商及第三方支付平台的数据安全。

6.8 内江市乡村智慧旅游平台建设实施效益

内江市乡村智慧旅游平台的建设带来了多方面的效益。

1. 面向管理的效益

通过信息技术，由被动管理转为主动管理，由被动服务转为主动服务，由粗放型服务转为精准服务，从被动处理到主动监管，管理效率提升了50%~60%。

2. 面向服务的效益

游客用户体验增强，服务效果好，二次消费比例提高了20%~30%。

3. 面向宣传的效益

依托智慧旅游海量资源，提供跨平台、跨终端的宣传平台，并利用智慧旅游大数据处理算法实现成本可控、效益可观、智能投放的互联网效果宣传平台。精准宣传使宣传效率提升了30%~40%。

4. 面向营销的效益

通过乡村智慧旅游的大数据系统，精准营销，个性化营销，个性化服务，使营销针对性提高了50%以上，使旅游社交媒体账号总粉丝量提升了30%~40%。

5. 面向商务的效益

挖掘客户消费行为，进行有针对性的推荐和服务，并且改善商务流程，改善服务。及时了解和掌握旅游市场的情况，实现旅游产品的精准营销。

6. 直接经济效益

电子商务销售额提升了30%~50%。

6.9 内江市乡村智慧旅游的经济影响

内江市是一个典型的西部地区地级市，其乡村旅游资源丰富，但之前发展相对滞后。乡村智慧旅游的建设，有效地带动了其农村经济的发展。

1. 以智慧旅游带动乡村旅游工作

（1）乡村旅游初具规模

截至2020年，全市共有农家乐320余家，创建标准化星级农家乐57家，包括1家五星级农家乐、12家四星级农家乐和8家三星级农家乐；创建四川省乡村旅游精品村寨 3 个。

（2）乡村旅游发展水平得到提升

目前，隆昌市花漫水乡、资中县农业科技园、市中区尚腾新村、东兴区天荷瀑布、威远县银花山庄等乡村旅游示范项目的建设标志着内江市乡村旅游从农家乐的单一模式向规模化、多元化、品质化的乡村旅游转变。

（3）通过乡村智慧旅游带动农民返乡创业

农民开始了返乡创业的热潮，他们意识到家乡发展乡村旅游潜力巨大，前景广阔，条件越来越好。越来越多的当地人返乡，投身于乡村旅游的市场。

比如隆昌市花漫水乡、东兴区天荷瀑布等乡村旅游项目就是由内江在外创业的成功人士返乡投资运营的。他们充分发挥自身优势，成为内江市乡村旅游发展的新力量。

（4）乡村旅游节庆活动丰富多彩

永安葡萄节、中山桃花节、爱莲消夏赏荷节、甜城乡村旅游文化节等经过多年发展，已基本形成内江市乡村旅游活动品牌，影响力越来越强。

（5）乡村旅游的综合效益日益明显

随着内江市乡村旅游的发展，乡村旅游在发展乡村经济、促进新农村建设、拓展农民创收渠道、拉动社会消费、提升文化传承与文明程度、保护乡村生态环境方面发挥了重大作用，特别是在解困脱贫方面的作用日益显现。通过摸底调查，全市共有 20 个贫困村适合发展旅游产业，乡村旅游已成为扶贫工作的主力军。

2. 依托乡村智慧旅游建设实施示范带动工程

内江市重点推进市中区尚腾新村、东兴区天荷瀑布、资中县农业科技园、隆昌市花漫水乡、威远银花山庄 5 个重点乡村旅游进行示范项目建设。

3. 依托乡村智慧旅游建设实施精品建设工程

各类农村资源景观化，包括森林、村落、水利设施、古镇等，创建了 2 个特色乡镇、3 个精品村寨、5 个星级农家乐，打造了一批农庄、山庄、果园、鱼庄等乡村特色经营聚集点，推动了内江市乡村旅游规范化、品牌化发展。

4. 依托乡村智慧旅游建设实施旅游扶贫工程

成立内江市旅游扶贫工作领导小组，认真做好建档立卡贫困村旅游资源普查与摸底。通过对全市建档立卡的贫困村的摸底调查，共筛选出 20 个适合发展乡村旅游的贫困村。按照旅游景区带动型、乡村旅游发展型、旅游商品开发型进行分类指导，规范内江市乡村旅游扶贫工作，明确旅游扶贫发展目标，创建了 3 个旅游扶贫示范村、10 户民宿达标户，带动了全市 5% 的贫困劳动力直接或间接就业。

5. 依托乡村智慧旅游建设实施乡村旅游培训工程

采取集中培训与"请进来、送出去"等多种方式。一是赴乡村旅游先进地区考察学习，由分管副市长带队，组织市级相关部门、县（区）旅游局及乡村旅游景区负责人、乡村旅游带头人等赴南充、绵阳等地进行乡村旅游考察，学习先进地区的发展经验；二是组织乡村旅游培训，组织县（区）旅游局、重点乡镇及乡村旅游脱贫村等单位负责人赴四川省旅游学校等进行乡村旅游暨旅游扶贫培训；三是举办乡村旅游人才交流座谈会。

6. 依托乡村智慧旅游建设实施旅游商品开发工程

大力推进乡村旅游特色商品购物场所建设和互联网电商平台、线下销售网络发展，帮助农民营销农副产品和手工制品，扩大知名度。建成四川省旅游示范村 2~5 个、民宿达标户 10~20 户，新增星级农家乐 4~10 家；通过旅游带动贫困村脱贫 2~5 个；年游客接待量达 700 万人次，人均停留时间为 2 天，人均消费水平超过 200 元，乡村旅游总收入约达 15 亿元。2020 年，新增四川省乡村旅游示范村 1~2 个，新增星级农家乐 5~7 家，新增民宿达标户 5~10 户；通过旅游带动贫困村脱贫总数达到 7 个；年游客接待量达 1 200 万人次，人均停留时间为 2.5 天，人均消费水平为 280 元，县域乡村旅游总收入约达 100 亿元。

6.10 本章小结

本部分结合"1556"乡村智慧旅游建设内容及方案，结合内江市乡村旅游资源的具体情况，对整体方案进行了本地化改造和落地，对内江市乡村旅游的建设、管理、运营和服务进行了深入分析。内江市乡村智慧旅游的建设大大提升了乡村旅游的品质，增加了全市的旅游收入，带动了西部农村地区的就业，取得了良好的建设投资回报和运营效果。

参考文献

暴莹, 2016. 国内智慧旅游研究回顾与展望 [J]. 生产力研究 (6)：156-160.

陈佳, 杨新军, 王子侨, 等, 2015. 乡村旅游社会-生态系统脆弱性及影响机理：基于秦岭景区农户调查数据的分析 [J]. 旅游学刊, 30 (3)：64-75.

崔瑞锋, 2015. 浅析如何破解中西部地区农村经济发展难题 [J]. 中小企业管理与科技 (下旬刊), (3)：121-122.

丁云超, 2009. 我国乡村旅游业的发展现状与前景 [J]. 安徽农业科学, 37 (3)：1281-1283, 1344.

伏俊雯, 沈志鹏, 2013. 智慧旅游服务质量满意度调查指标构建 [J]. 劳动保障世界 (理论版) (12)：113.

高振发, 刘加凤, 2013. 智慧旅游研究综述 [J]. 金华职业技术学院学报, 13 (5)：31-33.

葛晓滨, 章义刚, 2014. 智慧旅游系统的技术框架及其主要应用技术分析 [J]. 皖西学院学报 (2)：32-35.

胡少维, 杨保城, 2015. 2015 年中国区域经济发展分析 [J]. 金融与经济 (3)：36-40, 50.

胡薇, 2014. 浅析中国区域经济发展 [J]. 经营管理者 (18)：206.

胡文海, 2008. 基于利于相关者的乡村开发研究：以安徽省池州市为例 [J]. 农业经济问题 (7)：82-86.

黄琳琳, 金川, 任亚青, 等, 2013. "智慧旅游" 背景下的京郊旅游发展研究 [J]. 城市旅游规划, 12：212-213.

贾淑帅, 2015. 论乡村旅游对湖北农村经济扶贫的影响 [J]. 企业导报 (19)：1-3.

姜栋, 2009. FDI 与中国经济增长的区域差异分析 [D]. 重庆：重庆大学.

蒋满元，2011. 我国乡村旅游发展中存在的问题及其对策［J］. 福建行政学院学报（4）：87-92.

兰萍，2016. 市外事侨务旅游局大力推进乡村旅游发展［EB/OL］.（2016-08-15）［2019-11-15］. http：//www. neijiang. gov. cn/news/2016/08/1224613. html.

李金早，2015. 开辟新常态下中国旅游业的新天地［EB/OL］.（2015-05-27）［2020-02-25］. http：//travel. people. com. cn/n/2015/0127/c41570-26459122. html.

李曦辉，王卓东，2016. 中国区域经济发展的新构想［J］. 区域经济论（1）：24-29.

李云鹏，胡中州，黄超，等，2014. 旅游信息服务视阈下的智慧旅游概念探讨［J］. 旅游学刊（5）：106-115.

刘军林，范云峰，2012. 智慧旅游的构成、价值与发展趋势［J］. 重庆社会科学（10）：121-124.

刘星光，2015. 智慧旅游带动旅游产业发展分析［J］. 中国商论（27）：142-145.

刘莹英，2014. 高校旅游人才培养研究：基于“智慧旅游”的视角［J］. 四川旅游学院学报（4）：78-80.

龙茂兴，张河清，2006. 乡村旅游发展中存在问题的解析［J］. 旅游学刊（9）：75-79.

卢冲，张晓慧，2008. 我国乡村旅游市场发展现状分析［J］. 安徽农业科学，36（16）：6904-6906，6923.

罗成奎，2012. 智慧旅游及其应用研究［J］. 黄山学院学报（6）：24-27.

骆高远，2015. “智慧旅游”及其发展前景［J］. 特区经济（12）：145-147.

彭丽，谭艳，周继霞，2014. 基于智慧旅游背景下的乡村旅游发展模式研究：以重庆合川区为例［J］. 农业经济（12）：49-50.

唐召英，阳宁光，2007. 论城郊乡村旅游发展的动力机制及可持续发展对策［J］. 农业环境与发展（6）：36-38.

汪丽萍，2007. 近年来东西部地区农村经济发展比较研究［J］. 创新（3）：72-76.

王小军，张双双，2012. 乡村旅游对农村经济的影响及发展策略［J］. 农业经济（11）：81-82.

翁宇威，李冶，黄小明，2016. 旅游产业聚集对我给区域经济发展的动态影像［J］. 经济师（6）：63-65.

吴必虎，黄琢玮，马小萌，2004. 中国城市周边乡村地空间结构［J］. 地理科学，29（6）：757-763.

吴冠岑，牛星，许恒周，2013. 乡村土地旅游化流转的风险评价研究［J］. 经济地理，33（3）：187-191.

吴娟，2014. 探讨开发乡村旅游对农村经济的影响［J］. 探索证明（7）：39.

吴茂应，黄克己，2014. 网络志评析：智慧旅游时代的应用与创新［J］. 旅游学刊，29（12）：66-74.

夏日，朱赟，2014. 国内乡村旅游研究进展［J］. 广西经济管理干部学院学报，26（2）：73-79.

谢彦君，2011. 基础旅游学：第3版［M］. 北京：中国旅游出版社.

徐清，2009. 基于点-轴系统理论的宁波乡村旅游空间结构优化［J］. 经济地理，29（6）：1042-1046.

徐向新，2011. 浅析西部地区农村经济发展现状及对策 J］. 农民致富之友（20）：4.

徐新，高山行，相丽君，2008. FDI对中国区域经济及创新的影响研究：来自十年的面板数据证据［J］. 现代管理科学（12）：67-68，71.

杨雅麟，2015. 基于互联网思维的智慧旅游发展策略分析［J］. 中小企业管理与科技（1）：113-114.

姚国章，2012. "智慧旅游"的建设框架探析［J］. 南京邮电大学学报（社会科学版），14（2）：13-16，73.

叶铁伟，2011. 智慧旅游：旅游业的第二次革命（上）［J］. 中国旅游报，25（11）：5.

易红梅，2016. 支点经济：把握中国区域经济发展战略的嬗变与机遇［J］. 企业管理与发展，5（415）：152-154，173.

尹成平，2011. 我国贫困地区乡村旅游开发模式研究：以南部县升钟湖开发为例［D］. 成都：电子科技大学.

张本阔，2013. 浅析智慧旅游对秦皇岛乡村旅游发展的重要性［J］. 中国报业（9）：86-87.

张国丽，2012. 智慧旅游背景下旅游公共信息服务的建设：以浙江为例

[J]. 科技经济市场 (3)：41-44.

张凌云，2012. 智慧旅游：个性化定制和智能化公共服务时代的来临 [J].
旅游学刊 (2)：3-5.

张晓峰，2015. 乡村旅游对农村经济的影响 [J]. 合作经济与科技 (9)：18-19.

赵明丽，张长亮，孙素平，2014. 智慧旅游框架建设研究 [J]. 经济研究导
刊 (2)：79-81.

郑凤萍，杜伟玲，2008. 黑龙江乡村旅游发展问题研究 [J]. 农业经济问题
(1)：75-79.

郑虹，2009. FDI 与中国区域经济增长关系的实证研究 [D]. 长沙：湖南师
范大学.

郑洪，2013. 中国区域经济发展回顾与前瞻 [J]. 湘潮 (下半月)，9
(415)：39-41.

周聆灵，周法法，2012. 游客对乡村旅游形象的重视因素分析：以宁德地区
乡村旅游为例 [J]. 福建农林大学学报 (哲学社会科学版)，15 (2)：73-77.

周旬，2007. 区域经济发展的综合利用理论研究 [D]. 长春：东北师范大学.

朱世蓉，2016. 民生视阈下西部地区乡村旅游资源开发模式研究 [J]. 农
业经济 (2)：109-111.

朱璇，2012. 新乡村经济精英乡村旅游中的形成和作用机制研究：以虎跳
峡徒步路线为例 [J]. 旅游学刊，27 (6)：73-78.

朱珠，张欣，2011. 浅谈智慧旅游感知体系和管理平台的构建 [J]. 江苏大
学学报 (社会科学版)，13 (6)：97-100.

邹统钎，2008. 乡村旅游：理论案例 [M]. 天津：南开大学出版社.

BERTUCCI P, 2013. Enlightened secrets：silk, intelligent travel, and industrial
espionage in eighteenth-century France [J]. Technology and culture, 54 (4)：820-
852.

BRAMWELL B, SHARMAN A, 1999. Collaboration in local tourism policy
making [J]. Annals of tourism research, 26 (2)：392-415.

CHOI H S C, SIRAKAYA E, 2006. Sustainability indicators for managing com-
munity tourism [J]. Tourism management, 27 (6)：1274-1289.

EAMD M A, HANAN M S, 2011. A Tourism e-guide system using mobile inte-
gration [J]. International journal of interactive mobile technologies, 4：4.

FOTIADIS A, VASSILIADIS C, 2010. Rural tourism service quality in Greece

[J]. E-review of tourism research, 8 (4): 69-84.

GRETZEL U, 2011. Intelligent systems in tourism: a social science perspective [J]. An annals of tourism research, 3: 757-779.

KAYAT K, 2008. Stakeholders´ perspectives toward a community-based rural tourism development [J]. European journal of tourism research, 1 (2): 94.

KLINE C, MILBURN L A, 2010. Ten categories of entrepreneurial climate to encourage rural tourism development [J]. Annals of leisure research, 13 (1—2): 320-348.

KONTOGEORGOPOULOS N, 2005. Community-based ecotourism in Phuket and Ao Phangnga, Thailand: partial victories and bittersweet remedies [J]. Journal of sustainable tourism, 13 (1): 4-23.

LANKFORD S V, 1994. Attitudes and perceptions toward tourism and rural regional development [J]. Journal of travel research, 32 (3): 35-43.

MILLER G, 2001. The development of indicators for sustainable tourism: results of a Delphi survey of tourism researchers [J]. Tourism management, 22 (4): 351-362.

OWAIED H H, FARHAN H A, HAWAMDEH N A L, et al., 2011. A model for intelligent tourism guide system [J]. Journal of applied sciences, 11: 342.

PARK D B, LEE K W, CHOI H S, et al., 2012. Factors influencing social capital in rural tourism communities in South Korea [J]. Tourism management, 33 (6): 1511-1520.

SHANE S, 1996. Explaining variation in rates of entrepreneurship in the United States: 1899-1988 [J]. Journal of management, 22 (5): 747-781.

SHARPLEY R, JEPSON D, 2011. Rural tourism: A spiritual experience? [J]. Annals of Tourism Sesearch, 38 (1): 52-71.

SHARPLEY R, ROBERTS L, 2004. Rural tourism-10 years on [J]. International journal of tourism research, 6: 119-124.

SIMPSON M C, 2008. Community benefit tourism initiatives: A conceptual oxymoron? [J]. Tourism management, 29 (1): 1-18.

致谢

旅游逐渐成为现代人类必不可少的生活方式之一，而旅游业已经成为国民经济的重要组成部分，智慧旅游也成为世界各国理论和技术界研究的热点。西部乡村智慧旅游研究和建设，对于开发西部乡村旅游资源、发展西部地区经济、助力西部乡村振兴有着重要的作用。然而，西部乡村智慧旅游的相关研究并不多见，开展该研究面临着不小的挑战，这更激发了我浓厚的研究兴趣。

近年，我和团队承建了内江市乡村智慧旅游、武隆区智慧旅游、聊城市智慧旅游、朱德故里智慧旅游等平台。在此技术实践基础上，将新技术与区域经济相结合，以西部典型案例为依托，进行深入思考和研究，为我国在相对落后的乡村地区进行智慧旅游建设提供了一个可资借鉴的理论方法和实践案例，以期为西部乡村振兴贡献绵薄之力。

在写作过程中，我有幸得到了张迪、李素芳、何春梅、胡艳、黄英、马楚丰、王平、霍伟东、邓婷婷、冯俊锋、李标、张安全、郜筱亮、徐明强、李滴成等老师和同学的帮助，得到了技术研发团队和友商的技术实践支持。有了他们热忱的帮助和鼓励、指导和参与，才让研究得以顺利进行、案例项目得以顺利交付和验收、成果得以服务于社会。

本书还引用了大量的珍贵文献或学术观点，在此一并向各位作者表示谢忱。

当本书完稿的时候，唯有庆幸未曾耽误时光，心中涌动着感激之情。谨以此书，向曾经帮助过我的所有人表达深深的谢意。由于水平尚浅，书稿难免存在错漏和不足，敬请批判指正，以激励我继续前进。

温怀玉

2022 年 6 月

后记

　　乡村智慧旅游建设是实现西部乡村振兴的重要抓手，能够有效带动西部乡村地区的经济发展。而西部乡村智慧旅游发展的主要抓手是乡村智慧旅游应用平台的建设，以及乡村智慧旅游大数据系统的建设。本书通过新技术和区域经济跨学科整合研究、实践应用和案例分析，充分论证和验证了乡村智慧旅游对西部农村经济的促进作用。

　　本书运用区域经济理论和方法，深入研究了乡村智慧旅游与农村经济的内在关系，剖析了西部乡村旅游存在的问题并提出了对策，提出了西部乡村智慧旅游发展思路、建设内容和实现路径，给出了建设案例和验证效果，研究内容和主要观点具有较高的创新性。

　　本书提出了"1556"乡村智慧旅游建设思路和内容，即"一个大数据中心，五个终端，五个面向，六大子平台"，提出了乡村智慧旅游大数据建设和乡村智慧旅游新媒体监测平台建设方案及典型算法等，有利于推动西部乡村智慧旅游建设。

　　本书在定性分析和定量分析的基础上，引入技术分析和案例分析，立足于西部乡村，依托内江市乡村智慧旅游建设经验和良好效益，验证了乡村智慧旅游建设对西部乡村经济多方面的促进作用，具有一定的实践价值。

　　本研究课题是我国实施乡村振兴战略和推动西部经济发展的前沿性重大课题，是经济学和信息学的跨学科研究课题，具有重大的理论和现实意义。

　　总之，发展乡村智慧旅游符合国家实施的乡村振兴等战略，值得继续深入研究和进行相关成果推广，通过与新技术手段的结合，能有效地带动乡村经济发展，为西部地区农民就业、创业和增收提供机遇。

　　本书的不足之处在于：虽然本书既有理论研究，又有技术研究，也有实践运用，但是深入程度还不够。由于乡村智慧旅游是个新鲜事物，书中涉及案例运行时间短，缺乏系统性的经济数据支持。因此，在未来的研究中，对于西部乡村经济领域的研究，以及对于实际数据的调研、采集、统计、分析和利用，是最需要改进和深入的地方。

西部乡村振兴、西部地区经济和信息化融合发展的相关课题将是下一步的重点研究方向。

温怀玉

2022 年 6 月